新形势下事业单位经济管理的创新研究

戴　伟　刘素云　李洪文◎著

线装書局

图书在版编目（ＣＩＰ）数据

新形势下事业单位经济管理的创新研究 / 戴伟，刘
素云，李洪文著. -- 北京 ：线装书局，2023.8
ISBN 978-7-5120-5645-9

Ⅰ. ①新… Ⅱ. ①戴… ②刘… ③李… Ⅲ. ①行政事
业单位－经济管理－研究－中国 Ⅳ. ①F812.2

中国国家版本馆CIP数据核字(2023)第162982号

新形势下事业单位经济管理的创新研究

XINXINGSHIXIA SHIYE DANWEI JINGJI GUANLI DE CHUANGXIN YANJIU

作　　者：戴　伟　刘素云　李洪文
责任编辑：白　晨
出版发行：线装書局
　　　　　地　　址：北京市丰台区方庄日月天地大厦 B 座 17 层（100078）
　　　　　电　　话：010-58077126（发行部）010-58076938（总编室）
　　　　　网　　址：www.zgxzsj.com
经　　销：新华书店
印　　制：三河市腾飞印务有限公司
开　　本：787mm×1092mm　　　　1/16
印　　张：11.5
字　　数：270 千字
印　　次：2024 年 7 月第 1 版第 1 次印刷

定　　价：68.00 元

线装书局官方微信

前　言

　　行政事业单位的财务管理工作是行政事业单位的经济管理工作，财务管理工作的好坏影响着行政事业单位的发展。在现代化发展的今天，行政事业单位的财务管理工作不断提高，促进了事业单位的经济发展，但同时也存在着多方面的问题。

　　事业单位作为为社会提供具有非营利性的社会服务的机构，实施高效的经济管理将促使事业单位创造出更高的社会效益，加强事业单位经济管理工作势在必行。其次，我国事业单位体制改革已经进入纵深阶段，市场机制已经被引入到事业单位管理体系中，并发挥着越来越重要的作用，而事业单位也因此具有了较强的双重属性，一方面要坚持所提供产品的公益性，另一方面也要充分考虑到生产该产品时所投入经济成本是否得到了有效补偿。事业单位也应当遵循市场经济规律，为优化机构内部经济结构，提升经济成本的收益率，提高经济管理的效能做出积极的努力。

　　正是因为在很长一段时间内，我国事业单位主要接受国家行政机关的行政管理，财政收入完全依靠国家拨款，其非营利性的特征更为明显，导致很多人误认为事业单位与经济管理毫无关系，经济管理在事业单位管理事务中的重要性被严重忽视，使得事业单位经济管理陷入一种比较尴尬的境地。

　　我国市场经济的不断发展要求各组织机构的改革创新，事业单位作为国家重要的公共服务部门，更需要结合时代潮流，不断的推进管理创新改革。现阶段，我国事业单位的管理创新存在多方面的问题，因此，需要政府和事业单位的共同努力实现其管理创新改革。通过事业单位的财务、人事和体制等各方面的完善，加以国家政府的制度建设和理论指导，多方面促进事业单位的改革，我国的事业单位的管理创新改革一定会实现一定的成效。

　　基于以上种种，笔者编撰了本著，全书行文安排八个章节，主要内容安排如下：第一章研究了新形势下事业单位财政管理及其重要性，主要内容有：财政及其职能分析、财政收入与支出、财政管理与财政管理体制以及现代事业单位预算管理的重要性；第二章论述了新形势下财务管理的创新理念，主要理念有：绿色财务管理、财务管理信息化、财务管理与人工智能、区块链技术与财务审计、网络环境下的财务管理以及企业税收筹划的财务管理；第三章探讨了新形势下事业单位政府会计制度与权责发生制，主要内容涵盖了政府会计制度分析、权责发生制改革的必要性与可行性、权责发生制改革构思及实施措施以及权责发生制在事业单位会计核算中的运用；第四章研究了新形势下事业单位税收管理与措施，主要内容有税收征收管理认知、税务管理与税款征收、税务检查及行政复议以及新形势下事业单位财政税收管理的措施；第五章研究了新形势下事业单位信息系统控制与信息化内部控制体系，内容涵盖了信息系统控制的目标和内容、信息系统的开发、信息系统的运行与维护以及信息化内部控制体系；第六章研究了事业单位绩效考核管理创新之路，主要创新策略有优化岗位布局设置、科学设计考核指标、规范绩效考核方法以及重视考核结果应用；第七章研究了行政事业单位内部控制优化，主要内容有行政事业单位内部控制有效性的理论分析、内部控制视角下对行政事业单位预算管理优化分析以及行政单位固定资产管理内部控制流程的优化；第八章分析了新预算法与事业单位财务工作，主要内容有：新预算法下预算工作概述、新预算法在财务工作中的运用、新预算法下基层财政部门面临的挑战以及新预算法下财务工作的提升建议。

全书探讨对事业单位财务管理问题的对策，其主要目的是健全事业单位的内控制度、改革预算会计制度、加强固定资产的管理、加强预算管理、全面提升财务管理人员的综合素质、加强与审计部门都得联系与沟通、推进会计电算化与财务联网、及时更新财务管理的手段。

在撰写过程中，我们既对前辈学者的研究成果有所参考和借鉴，也注重将自身的研究成果充实于其中。尽管如此，囿于编者学识眼界，本书瑕疵之处难以避免，切望同行专家及读者提出批评意见。

编委会

目 录

第一章 新形势下事业单位财政管理及重要性

近年来，随着经济的不断发展，事业单位也在不断进行深入的财政改革，如建立完善的预算管理体制和收支管理方式，这对提高财政管理效能，促进科学发展与社会和谐具有至关重要的作用。本章重点分析财政及其职能、财政收入与支出、财政管理与财政管理体制、现代事业单位预算管理的重要性。

第一节 财政及其职能分析

一、财政认知

所谓财政，是指以国家为主体，凭借政治权力，为满足社会公共需求而参与社会产品分配所形成的政府经济活动。"财政"一词并不是自古就有，更不是由某个先知或先哲预先设定好的。在人类社会发展史上，政府可以说是社会发展到一定历史阶段的产物。相应的，"政府分配活动"也是在社会发展进程中逐步形成的，财政的发展与形成亦是如此。

（一）财政构成要素

财政由财政主体、财政客体、财政形式和财政目的四大要素构成。

1.财政主体

是指财政分配是由国家或政府来发动、组织和承担的。在财政分配行为的参与主体中，主导的一方是国家。这是因为任何社会的分配活动都不可能自发产生，而厂商、家庭、团体或组织、国家或政府等的一方或多方，都可以作为分配主体在某种特定的分配活动中出现，但是财政分配活动的主体只能是国家或政府。国家或政府作为财政分配活动的主体，与财政有着非常密切的关系。也就是说，不仅财政分配的对象、数量、范围和方式等都主要由国家或政府这个主体来决定，而且国家或政府与财政一直存在着相依为命、共存共荣、相辅相成、缺一不可的关系。

2.财政客体

也称财政对象，是指在一定时期内的一部分社会产品与服务，或一部分国民收入。因为任何分配行为都是人作用于物的活动，财政分配也不例外。财政分配有主体，就必然有客体，否则，财政分配就会成为无源之水、无本之木，也就不能称其为财政。而社会产品和服务（即国民收入）是国家或政府财政收入的根本源泉。

3.财政形式

是指国家或政府组织财政分配活动所运用的具体形式。财政分配形式既可以是实物形式或力役形式，也可以是价值形式。因为财政分配是整个国民收入分配的一个特定组成部分，它的形式主要取决于当时占支配地位的国民收入分配形式。通常，在自然经济条件下，财政形式主要采用实物和力役形式；在商品经济或市场经济条件下，如资本主义社会和社会主义社会时期，财政形式则以价值分配为主，表现为货币收付。

4.财政目的

是指财政分配是为了提供公共产品，满足社会公共需求。因为任何一个国家或政府都具有社会管理和经济管理两大基本职能，前者是指其具有维护国家政权、保障公民安全和维持社会秩序等职能，即要向社会提供公共产品以满足公共需求；后者是指其所具有的调控宏观经济、促进国民经济可持续发展的职能。为了履行上述的两大基本职能，国家或政府需要耗费相应的财力、物力。由于国家一般不直接从事物质资料的生产，凭借政治权力而进行的财政活动就成为国家或政府财力的主要来源。

（二）财政本质与财政属性

1.财政本质

财政是一个经济范畴，研究财政就应该遵循经济学的基本分析方法，因为经济学关注的是人类社会经济生活中常见的各种"两难冲突"问题。所谓"两难冲突"，一般是指两种因素可以相互替代，且两者之间此消彼长。我们经常提及的个人利益与集体利益、局部利益与整体利益、当前利益与长远利益等之间的矛盾，就属于"两难冲突"。

从财政活动所体现的经济关系来分析，财政本质是以国家（或政府）为主体的分配活动。这种分配活动又可以分为两个层面：一是在社会经济系统中，个人、企业与国家（或政府）之间的分配活动；二是在国家（或政府）机构系统中，各级政府之间的分配活动。

在现代经济生活中，个人、企业和政府是经济活动的主要参与者。但是对不同的经济主体而言，它们却有着各自不同的利益。一般来说，个人在消费决策上侧重于既定收入的约束，追求自身福利的最大化；企业在生产决策上，倾向于追求利润最大化；而政府在经济决策时，则可能更注重增进全社会的福利。

由于政府具有社会管理和经济管理职能，政府及其财政收支活动主要是为了协调现实生活中各种利益之间的矛盾。在企业和家庭决策方面，有侧重于个人利益、局部利益和当前利益的特点，而财政则更注重于通过支持公共产品的生产与提供等方面的活动，来弥补私人经济活动中的缺陷，从而促进集体利益、全局利益、长远利益的提高。

2.财政属性

所谓财政属性，是指财政所具有的共同性质或特征。一般来说，财政具有公共性和利益集团性（或阶级性）这两种基本属性。

所谓公共性，是指财政活动具有的提供公共产品、满足社会成员的公共需求的属性，它是财政活动的共性，是不同社会形态下财政所共同具有的性质。事实上，自从人类社会建立以来，人们的生活、生产活动除了满足自身生存的需求外，还要逐渐满足单靠私人活动难以承担的一些公共事务的需求，如社区秩序管理、引水灌溉工程等需求。在阶级出现、国家建立之后，政府就具有了行使政治权力、维护社会稳定的社会管理职能。另外，像道路、桥梁和大型水利设施建设等公共工程项目，是社会成员不愿提供或无力提供的，而由于这些活动是用来满足社会公众的公共需求的，服务于此类活动的财政活动就因此具有了区别于私人财务的公共性。通常，理解财政的公共性，要注意区分公共性的具体内容，即政府职能范围在不同社会、不同时期所存在的差异。由于生产力发展水平与各国社会历史、风俗习惯的不同，财政活动满足社会公众需求而提供的公共产品具有历史阶段性的特点。

比如随着生产力的不断发展，某类工程可能只需要一个社会基本单位，甚至一个人就可以独立完成。此时，它就不再具有公共性，就可以从财政分配范畴中退出来了。当然，随着经济的发展和社会的变迁，还会有一些新的公共需求产生而被纳入财政分配范围之内，比如现代社会中的环境保护问题，就比任何时代突出，这需要被纳入财政分配范围之内。

公共产品的这种历史性，还意味着另外一个问题会产生，即处于不同经济发展阶段的国家，其公共产品的的内部构成也是不一样的。比如，一些在大部分发达国家不属于公共产品之列的事务，在许多发展中国家却可能仍然属于公共产品，比如电力、铁路等。此外，公共产品还具有地域性，如在具有不同历史文化传统、社会风俗习惯的国家和地区，公共产品的结构也是有所不同的。

所谓利益集团性（或阶级性），是指财政作为政府经济活动，必然要符合统治阶级的整体利益，政府必然要通过财政收支活动使统治阶级的最高利益得以实现。一般来说，由于国家经济和政治反映着占统治地位的那个集团的利益，即统治阶级的利益，所以，财政反映的是统治阶级的利益。

（三）公共财政及其特征

所谓公共财政，是指在市场经济条件下，政府为了满足社会公共需求，通过收支活动对一部分社会资源进行配置。公共需求包括两类需求：一是纯公共需求，即保证国民基本生活和生存安全需要的纯公共产品；二是准公共需求，即介于纯公共需求与私人需求之间的准公共产品。

1.公共财政分析

（1）公共产品。公共产品是指增加一个人对该产品的消费，并不同时减少其他人对该产品消费的那类产品。而与公共产品相对应的是私人产品。公共产品的这一定义是由美国著名的经济学家保罗·萨缪尔森首先提出来的。公共产品的形式化定义奠定了现代财政学的基础。从此，公共产品才与私人产品一样被纳入经济学分析框架内，从而使分析公共产品的最优配置成为可能。在西方经济学中，公共产品是一个具有特定意义的概念，它与私人产品的区别主要是从消费该产品的不同特征来进行区分的，并不是指产品所有制性质的不同。与私人产品相比，公共产品具有以下四个特征。

第一，效用不可分割性。公共产品具有共同受益和消费的特点，其效用为整个社会的成员所共同享有，不能分割，如国防。而根据受益范围的大小，可以将公共产品区分为全国性公共产品和地区性公共产品两类。

第二，消费非竞争性。公共产品一旦被提供，增加一个人的消费并不会增加任何额外的成本，这是在强调集体所提供的公共产品的潜在收益。

第三，受益非排他性。某个人或者集团对公共产品的消费，并不影响或妨碍其他个人或者集团同时消费该公共产品，也不会减少其他个人或集团消费该产品时的数量和质量，即公共产品一旦被提供，想要排除一个额外的消费者，在技术上来说是不可行的。公共产品的这一特征表明了通过市场机制提供公共产品所具有的潜在困难，如航海中的灯塔。

第四，目的非营利性。提供公共产品不以营利为目的，而是追求社会效益和社会福利的最大化。

综上所述可见，公共产品的上述四个特征是密切联系的，其中，核心特征是消费非竞争性和受益非排他性。

（2）市场失灵。所谓市场失灵，是指由于市场机制不能充分发挥作用而导致的资源配置缺乏效率或资源配置失当的情况。一般来说，导致市场失灵的原因主要有垄断、外部性、公共产品和信息不对称等。

第一，垄断。从长期来看，只有在完全竞争的市场上，企业的生产成本才是最低的，市场机制才能实现资源的有效配置，资源才能得到充分利用，产量最高，价格最低，消费者的需求才能获得最大满足。不过，在现实生活中，完全竞争市场只是一种理论假设。事实上，大部分产品都处于不完全竞争市场中，或处于完全垄断市场或寡头垄断市场和垄断竞争市场中。在这些不完全竞争市场中，生产者不再是完全的价格接受者，而是完全的或不完全的价格决定者，存在着各种各样的进入障碍，资源已经不可能在部门之间进行自由的流动。从长期来看，生产者生产的产量不是最大的，市场价格也不是最低的，成本也比完全竞争市场条件下的生产成本要高，消费者的需求也无法得到最大满足。而在完全垄断市场中，企业按照边际成本等于边际收益的原则选择最优产量，并按照这一最优产量来确定销售的价格。有时，垄断企业还要对不同的买主实行价格上的歧视，即差别定价。这样垄断企业的产量就会低于社会的最优产量，而它所制定的价格却会高于市场均衡价格，消费者的剩余因此减少而生产者的剩余因此增加，社会福利因此受到损害。

第二，外部性。所谓外部性，是指某个人或某个企业的经济活动对其他人或其他企业所产生的影响，但却并没有为此付出代价或者获得收益。这里所说的影响是指一种活动所产生的成本或利润未能通过市场价格反映出来，而是无意识地强加于他人。外部性可以分为外部经济和外部不经济。所谓外部经济，就是某人或某企业的经济活动会给社会上其他成员带来利益，但是该人或该企业却不能由此得到补偿，如企业培训雇员、家庭对周围环境进行绿化等。所谓外部不经济，就是某人或某企业的经济活动会给社会上其他人带来损害，但是该人或该企业却不必为这种损害进行补偿，如企业排放污水、吸烟等。而根据经济活动的主体是生产者还是消费者，外部性可以分为生产的外部性和消费的外部性。

由于外部性或外部影响的存在，市场机制就不能有效地进行资源配置。对于产生外部经济的生产者而言，由于其私人的收益小于社会的收益，因而就缺乏生产的积极性，其产出的水平就会低于社会最优的产出水平。而对于那些产生外部不经济的生产者而言，由于其边际私人成本低于边际社会成本，于是，就倾向于扩大生产，其产出水平就会大于社会最优产出水平。外部性可能导致资源配置失当。即使是在完全竞争条件下，由于存在外部性的影响，整个经济的资源配置也不可能达到帕累托的最优状态。

第三，公共产品。由于公共产品存在非竞争性和非排他性，消费者更愿意采取"搭便车"的行为，如低报或隐瞒自己对公共产品的偏好，社会因而无法知道每个消费者的需求曲线，从而造成市场失灵。

第四，信息不对称。完全竞争的市场中，作为经济活动参与者的生产者和消费者，对影响其选择的相关经济变量，都有充分的完全相同的信息。但是在现实的经济活动中，往往存在这样一种情况：在某项经济活动中，某一参与者比对方拥有更多的影响其决策的信息，这就是信息不对称现象，如劳动力市场的求职者比雇主对自己的能力信息了解得更多一些，因此劳动力市场上供求双方之间也会出现信息不对称现象。

信息不对称的表现形式可以归结为两类：逆向选择和道德风险。所谓逆向选择，是指由于公共产品买方和卖方之间信息不对称，市场机制导致某些商品或服务的需求曲线向左下方弯曲，最终的结果是劣质商品或服务驱逐优质商品或服务，以致市场开始萎缩，如旧车、保险、劳动力市场等。

2.公共财政的特征

公共财政主要有以下基本特征。

（1）公共财政是弥补市场失灵的财政。市场经济是市场机制在资源配置中发挥基础性作用的经济形式。在完全竞争的市场环境中，追求自身利益最大化的理性经济主体，依据市场价格信号，自发地从事经济活动，使得社会资源在此过程中能够进行有效的配置。而市场在能够有效运行或正常发挥作用的领域，是无须政府及其财政进行干预的。但是在许多市场无法有效配置资源或无法正常发挥作用的场所，就会出现市场失灵问题。而我们要指出的是，公共财政的这一弥补市场失灵的特征，也对政府及其财政与企业、个人之间的活动范围做出了原则性的划分，即企业和个人在市场有效的范围内活动，而政府及其财政则于市场失灵的范围内活动。由于政府和财政通过弥补市场失灵，为社会公众提供公共产品和公共服务，以满足社会公众的共同消费需求，因而就具有了鲜明的公共性特征。

（2）公共财政是一视同仁的财政。公共财政应该为市场经济活动的各个主体提供一视同仁的服务。市场经济的效率性，是通过经济主体之间自愿对等的交换行为而实现的。而要达到自愿对等交换的目的，各个经济主体必须要置身于公平竞争的外部环境中。政府与其财政活动直接作用于市场活动主体，直接影响着它们的市场行为。因此，政府及其财政就必须对所有的市场活动主体一视同仁；如果对不同的市场主体施予不同的待遇或政策，那就意味着政府在支持了某些经济主体市场活动的同时，又抑制了另外一些市场主体的市场活动。这样的政府就是在以非市场的手段，直接介入和干预市场的正常运转。显然，这是违背市场经济根本要求的。

在财政支出方面，政府财政所提供的服务是适用于所有的市场活动主体的，或者说是服务于所有市场活动主体根本利益的。在财政收入方面，对某些经济成分征收较高的税率，而对另外一些经济成分征收较低的税率，就势必造成纳税人不同的税收负担，这样就会人为地破坏公平竞争原则，造成不公平的市场竞争条件。由此可见，财政必须采取一视同仁的政策，才能避免政府活动破坏市场公平竞争的条件。

（3）公共财政是非市场盈利的财政。盈利是人们从事市场活动的直接动力。而市场之所以会产生失灵问题，就是因为它无法确保市场活动主体获得应有的或正常的市场盈利。这样在市场失灵领域活动的政府及其财政，就不能直接进入市场去追逐经济利润，而只能将社会利益作为活动目标，只能从事非营利性活动，从而使得公共财政成为非营利性的财政。

尽管企业活动于市场有效领域内，而政府活动于市场失灵领域内，但是现实的经济活动却是极其错综复杂的，大量的活动是需要企业和政府共同介入和承担的。为此，非营利性就有了一个标准，以此来界定两者在共同活动中的参与程度。当某些行业的活动为社会公众所需要，并且可以有一定的市场收入，但是达不到市场平均利润水平的时候，政府和企业是可以共同承担这一类活动的。通常，政府通过财政投资或补贴等方式，使得投资该行业的企业具有获得平均利润的能力。这样，政府就等于是运用自身的财政投入，支持了该行业的发展，从而为整个社会的利益服务。与此同时，由于企业可以获得平均利润，就会承担起部分或主要的投资任务，从而减轻财政的负担，这样公共财政的非营利性活动，就与为市场提供公共产品和公共服务相互联系了。

（4）公共财政是法治化的财政。市场经济本身就是法治经济，对于政府而言，其活动和行为应该置于法律的根本约束与规范之下。显然，财政作为政府直接进行分配活动的工具，在市场经济下必须要受到法律的约束和规范，从而让公共财政具有法治性。

二、财政职能分析

（一）财政职能历史演变与活动环境

所谓财政职能，是指财政在社会经济活动中内在固有的功能。在不同的财政模式中，这种职能有着不同的表现。而现代财政所承担的各项职能及其相应的内涵，是随着市场经济的发展而不断进行演变的。

1.财政职能历史演变

从发展历史来看，现代财政所承担的职能及其内涵经历了一个不断变化的过程。在西方的自由放任市场经济时期，存在的是"小政府"与"小财政"状态。此时，公共财政履行的职能只有一个，即效率职能。总体而言，它体现在斯密和穆勒等人学说的内容中，即如何维持政府机构的存在，履行国家的对外防御或扩张，对内维护社会治安或镇压各种破坏和扰乱现有秩序行为的职能；提供各种基础设施，如道路、桥梁、港口、灯塔、消防、市政规划等。这些职责形成于西方社会自中世纪末现代意义上的国家中，既是政府已经具有的，也是现代国家所必不可少的。

在历史发展的进程中，西方公共财政以此为基础，拓展了自己所承担的财政职能及其具体内涵。从效率职能来看，其范围和规模都有了很大的扩张，如对环境污染问题由放任不管到全力干预和管制；而公平和稳定职能，则随着西方市场经济的发展，不断从自由放任向政府干预方面进行转化，到19世纪末才逐步产生，到了20世纪30年代后才表现得更为明显。西方公共财政职能的这种扩张，让西方社会抛弃了传统的"小政府"与"小财政"的主张和政策，而表现出急剧扩张活动范围和规模的态势，开始进入了政府和财政几乎是全面干预社会经济生活的时期。但是不管如何改变，西方的公共财政仍然遵循着一条基本准则，即它只能为市场提供公共服务，始终都保持了原有的"公共性"。所以，存在于现代市场经济基础之上的就是"公共财政"，即现代财政就是公共财政。

2.财政的活动环境

财政履行其职能，必须是在特定的经济环境下进行的。现代公共财政的活动环境就是混合经济。而认识和探讨现代财政职能的问题，只能围绕政府与市场经济关系来进行。在市场经济环境下有公共经济和私人经济两大部门存在着，它们共同构成了一个统一的现实经济环境，即现实的市场经济。由此可见，现代财政的职能就是如何处理财政与混合经济的关系问题。

混合经济将原本相互对立的私人经济和公共经济包含于市场经济统一体中，由市场机制和计划机制共同配置社会资源，但是其中具有基础性配置作用的一定是市场机制。在混合经济中，既有市场机制对私人经济部门直接发挥作用，引导和左右着市场竞争，通过市场价格去配置资本、劳动力和土地等生产要素；同时又有非市场机制发挥作用，即公共部门以计划方式和行政手段等去配置社会资源，并且还介入社会分配公平和宏观稳定经济等方面。简而言之，这是一种既有市场力量又有非市场力量相互作用的经济模式。

由于有了以上的这些区别，就使得公共经济和私人经济不能相互替代，尤其在"政府失效"的情况下。所谓"政府失效"，是指政府弥补市场失灵的行为未能符合市场效率准则的根本要求，或者未能发挥正常作用，从而对市场造成了不应有的危害。这就需要市场发挥基础性的资源配置功能，需要市场的根本约束和决定作用来防范政府失效的出现。因此，公共经济和私人经济在相互交融的同时，又有各自相对独立的活动领域。整个社会的资源要素和产品分布在公共经济和私人经济两个部门，既在各自部门内部流动，也会通过多种渠道向对方流动，从而共同构成了一个完整的经济运行体系，完成一个统一的经济进程。

混合经济建立在市场经济基础之上，这不仅表现在私人经济直接受到市场机制的支配，而且还表现在公共经济也必须完全遵循市场效率准则，也受到市场的支配。与此同时，它还表现在公共经济和私人经济之间基本是通过市场渠道来进行联系的。政府征税尽管属于非市场行为，但是它只解决了政府能够拥有一定量的货币收入的问题，政府还必须通过市场交换活动，才能获得自己所需的资源和要素。

另外，在混合经济中，公共部门与私人部门之间的相互作用和联系，是通过要素和收入在两大部门之间多渠道、全方位的流动来进行的。政府征税和发行公债，引发货币流从私人部门向公共部门的转移，政府财政的各类转移性支出则导致货币流从公共部门向私人部门转移。政府财政的购买性支出，引发产品和劳务从私人部门向公共部门流动，私人部门通过缴纳使用费和规费等方式，而获得政府提供的服务。在货币和产品、服务的相互易位易形的过程中，正是两大部门间的这种相互交往和联系，才形成了统一的市场经济。而双方这种犬牙交错、纷繁复杂的交往，很大部分是通过公共部门在产品市场和要素市场，依据等价原则的购买来实现的。这些又都充分地说明了此时的政府与公共财政是以市场经济为立足点来履行其职能的。

在市场经济下，财政与公共经济之间存在着以下三个方面的关系。

第一，公共经济活动并不等于政府活动，因而公共经济活动也不等于公共财政活动。除了政府与其附属机构之外，公共企业的活动和其他集体性活动也都属于公共活动，而且都具有公共经济的性质。

第二，政府活动是公共经济的基本内容。由于公共活动基本上是无法有相应的市场回报的，对于大部分的公共活动，人们是难以自愿参加的，只能通过政府的强制方式才能开展，而公共财政是政府强制性活动的集中体现。

第三，财政活动是公共经济的中心内容。公共经济的主要活动是依靠政府收支来提供财力的。这就是通过政府的投资支出，或者成为政府附属机构和公共企业，或者通过政府对私人企业的补助和税收优惠等，来完成政府的公共活动。换言之，这是通过政府收支来推动整个公共部门的活动，从而完成为市场提供公共服务活动的任务。

因此，人们对于公共经济实践活动的分析、把握和考察，主要是围绕着政府的收支活动来展开的。在政府收支的过程中，贯彻财政政策，有意识地对社会资源进行配置、对市场经济活动进行干预和调控，财政因此成为政府活动的中心。

市场经济下的财政是公共财政，这是由市场经济体制本身所决定的。研究公共财政职能必须以政府与市场的关系为基础，研究在市场经济体制中财政内在固有的功能。市场经济下，政府对经济的干预主要有三个方面的考虑：一是力图矫正市场失灵，提高效率；二是利用税收向特殊群体进行分配，促进公平；三是依靠税收和货币进行调控，支持宏观经济稳定发展。这不仅说明了政府调控经济的必要性，而且还揭示了政府干预经济的主要目标，即资源优化配置、收入公平分配、经济稳定发展。

（二）资源配置职能：效率职能

现代财政弥补市场失灵，首先要克服和纠正各种市场低效和无效配置的状态。因此，确保政府配置资源的效率性，就成为现代财政的首要职能。

所谓资源配置职能，是指财政通过对现有的人力、物力、财力等社会经济资源的合理调配，实现资源结构的合理化，使其得到最有效的使用，获得最大的经济和社会效益。资源配置问题是经济学中的核心问题，经济学所要讨论的问题归纳起来就是资源的使用效率问题。资源的使用效率有两层含义：一是资源的充分利用，因为资源总是有限的，或者说是稀缺的，能否做到资源的充分利用，决定了一国的实际产出和物质福利水平；二是被充分利用的资源是否真正用得恰到好处，即是否达到最优配置。在资源总量配置既定的情况下，资源总量越接近充分利用，资源的使用效率就越高。若资源总量利用达到一定程度时，资源配置效率就越接近于最优状态。资源总量的利用问题是宏观经济总量的问题，与此相关的问题将在财政的稳定经济职能等章节中讨论，这里讨论的财政资源配置职能是假定在资源利用到达一定程度的前提下，或者是在预算平衡的前提下。

1.资源配置职能认知

在市场经济条件下，市场在资源配置中发挥着基础性作用，但是它不排斥财政对资源的配置。因为市场经济理论要求提高资源配置的效率，即达到资源配置的最优状态，西方学者通常称这种最优状态为帕累托效率。按照帕累托效率的标准，当资源的配置达到这样的状态时，即资源的重新配置让一部分人境况变得更好的同时，又让另一部分人的境况变坏；当原有的资源配置达到最优状态，如果可以通过资源的重新配置让一部分人的境况变得更好，又不会让另一部分人的境况变坏，那么说明原有的资源配置没有达到最优，这就有必要通过财政进行干预，以达到资源配置的最优化。

对于私人产品来说，其个人消费性决定了产品可以由市场提供，并获取相应的市场价格。通过市场购买与价格支付，就能充分体现其个人的真实偏好。在市场价格信号的指引下，社会资源将处于最佳配置状态，即帕累托效率最大化。因此，私人产品的效率配置是依靠市场机制解决的。对于公共产品而言，由于公共产品的共同消费性，消费者即使没有支付相应的价格，但是只要政府提供了公共产品，就能够享受到该公共产品的消费效应。

由于不同的消费者对于同一公共产品有着不同的消费偏好，那么如果公共产品的价格直接依据消费者的个人偏好来确定，则应该是偏好越强烈者缴纳的税费越多，反之则会是越少。而在市场经济中，政府之所以可以向全体公民征税，是由于它向社会公众提供了公共产品。于是，税收就是公共产品的特殊价格，即人们在消费了政府所提供的公共产品后而必须支付的价格。从根本上来看，"税收价格"的确定，也应该遵循市场效率准则，即按照消费者的边际偏好来确定每位消费者所应缴纳的税款数额。这样就会导致理性的消费者产生"免费搭车"的心理和行为，并且自然会低估自己对于公共产品的边际偏好程度。一旦人们都普遍隐瞒自己的偏好，就会带来税收不足的后果。但是如果不将税收与公共产品的价格挂钩，而仅仅考虑公共产品的供应数量，则又必然让消费者高估自己对公共产品的需求程度，从而导致公共产品的过量供应。所以，公共产品是不能通过市场竞争来实现有效提供的。通常，市场规则是等价交换，这更要求精确确定利益边界和所有权边界，而公共产品却具有非排他性和非竞争性的特征，这些都让公共产品的消费变得不可分割，即公共产品的消费者所享受的份额是无法精确计算的。所以，不能由市场来提供，只能由政府利用财政来进行配置。

另外，公共产品的共同消费性，还决定了需要将无数个人的偏好汇总成为公共需求。这就让政府不能分别对每一公共产品去征收税款，以获得相应的经费来源，而是以一个总的税收体系（税收制度）来满足整体公共支出的需要。因而，也就无法有效地通过将单项公共支出与税收挂钩的办法，来解决消费者隐瞒自身对公共产品的偏好问题。尽管政府税收是强制征收的，但是只能解决资源配置的手段问题，而不能解决资源配置是否符合效率准则的问题。

完全的自由竞争市场只存在于理论的假设之中。当市场出现垄断、信息不对称、外部效应、不完全竞争市场等经济现象时，单靠市场机制的自我调节是难以实现资源的有效配置的，只能由政府运用财政手段减少市场失效所造成的资源配置无效或低效问题，这就是财政资源配置职能的内涵所在。

2.资源配置职能机制

所谓资源配置职能机制，是指政府通过财政手段来减少市场失效所造成的资源配置的无效或低效状态的途径或方式，是政府通过财政税收制度的选择、实施，即通过税收收入和其他非税收入方式将部分资源转移到政府手中，再通过政府财政的支出安排将所掌握的资源进行分配，用于各种公共产品的生产和提供，以此来实现有限资源的合理流动。为此，现代财政就必须在基本遵循市场效率准则的基础上，依据自身的特点去寻求相应的能实现资源配置效率的方法。而关于财政资源配置职能机制的运行，具体可以从以下三方面来表述。

（1）解决公、私两大部门的最佳资源配置问题。这里是指在资源总量既定的前提下，如何将资源和要素有效配置于公、私两大部门之间的制度选择和设计。

私人部门对于资源与要素的索取，表现为付出货币并获得产品和劳务，即通过市场交换来完成。此时，企业和个人的活动不会导致资源和要素流向公共部门，不会产生资源和要素过多或过少地配置于公共部门问题；反之，政府的活动却与之不同。政府的税收直接来自私人部门，即来自企业和个人，会直接导致资源和要素从私人部门向公共部门流动。与此同时，由于税收的强制性，即使政府的行为不符合市场效率准则的要求，企业和个人是很难有效抵制的。因此，如何约束和限制政府的行为，将财政活动限制在适当的规模和范围内，就直接决定着政府对于社会资源和要素的攫取是否合理，进而决定着整个社会资源和要素在两大部门之间的分配比例是否达到了最佳。

政府财政取走的资源和要素既不能过多，也不能过少。过多，就意味着过重的税收负担过少，则意味着公共产品供给不足。这两种情况都意味着公共部门没有适度份额的资源。所以，社会资源和要素在两大部门之间的最佳分布，不仅以政府从市场取走的份额来衡量，而且还必须以政府向市场提供公共产品的数量来衡量。

（2）有效解决政府部门拥有的资源配置问题。在确定了社会资源总量在两大部门的配置比例后，现代财政面临的将是如何将政府部门拥有的资源进行配置问题。

现代社会经济是一个错综复杂的有机整体，其中，很多社会经济主体从事着各种活动，相应地要求政府提供多种多样的公共产品。这种要求不但涉及公共产品总量，而且还关系到公共产品的构成。在资源总量既定的情况下，不管政府具体提供多少公共产品，提供哪些公共产品，都必须是社会公众所迫切需要的，即必须达到公共产品效用的最大化。因为任何一类公共产品供应规模的过量，都意味着另一类公共产品供应规模的不足。换言之，这是意味着资源配置没有能够处于效率状态之中。为此，政府通过征税收费而拥有了资源和要素的占有量。之后，就面临着如何把握和汇总整个社会的私人偏好与欲望，并从全局出发安排整个政府预算支出，以求达到资源的最佳配置。不过，这是一个极为复杂的系统工程性问题，而依据市场效率准则，政府公共预算的安排必须以各项财政支出的边际效用相等为最佳。

（3）解决市场效率损失最小化问题。财政的收支活动，除了能够配置社会资源外，还影响着私人部门的活动，甚至影响着社会资源配置的效率，这就要求政府要将财政活动对私人市场所造成的效率损失尽可能降低。

在财政收支活动中，单方面取走或给予资源和要素，必然或多或少地导致企业和个人的市场行为偏离原有的轨道，让资源配置变得扭曲，导致损失市场效率。从表面上看，政府单方面的取得或给予有着明显的"无偿性"特征，这似乎与"税收价格"的概念，即"税收是政府提供公共产品与消费者消费公共产品之间交换的价格理"论相矛盾。但其实，这里是从不同的角度分析所得出的不同结论。

公共产品与税收价格之间等价交换的"有偿性"是从其本质上得出的结论；而政府将纳税人资源和要素单方面的"无偿"拿走，则是从直观意义上得出的结论。从本质上来说，这两种结论都具有重要的现实意义，即政府财政的收支活动是政府征税与提供公共产品之间，必须符合等价交换市场准则的要求，这是确保社会经济按照市场效率准则运行的关键。而从税收的具体征收过程来看，它却表现为一种不需要支付等价物的取得与给予，这必然会导致纳税人的财产或收益减少，进而又会引起纳税人行为和决策的扭曲，从而改变了资源和要素原有的配置状态，即发生了市场效率的损失。

解决这一问题的关键是要提高财政活动的效率，避免有限资源的浪费。具体可以从以下四方面入手：一是确定财政收入占国内生产总值（GDP）的合理比重，以保证财政资源配置的顺利实现；二是尽可能优化财政支出结构，贯彻国家总体规划的产业政策，保证重点建设的资金需求；三是妥善处理中央政府与地方政府的财政分配关系，以保证中央政府掌握实施宏观调控所必需的财力；四是在积极运用财政手段引导和调节私人部门的投资方向和结构同时，又要引导私人消费的方向和结构。

3. 资源配置职能范围

在市场经济体制下，政府根据自身职权范围的大小来适度介入资源的配置过程，资源配置的范围应该是市场失灵但社会又需要的公共产品和服务领域。具体来说，资源配置的范围主要包括以下五方面。

（1）国家防务。每一个国家都应该有一定的国防能力和实力，没有强大的国防，就没有和平安宁的建设和生活环境，即使经济建设取得很大成就，也无法保证建设成果归自己所有。所以，每个国家的政府都必须将相当份额的资源和要素用于国防建设上。由此可见，从古到今，国家防务都是政府财政支出的最重要内容。国家防务是最典型的纯公共产品，国防费用开支基本上都是由政府财政预算安排。

（2）公共安全。通常，正常的社会秩序对于市场和资本的存在与发展都是必不可少的。财政为政府提供维持正常秩序、保证公共安全所需要的基本财力，可为整个市场和资本的正常运转创造最基本的条件。因此，公共安全是财政支出最重要的内容和项目之一。其中，维持社会治安、提供消防服务、垃圾清理消毒等都是财政所提供的公共安全的主要内容，这些也都是最典型的公共产品。一般来说，这类公共产品的费用，大部分应该由公共财政来提供。但是有一些直接为城乡居民服务的项目，如日常生活保洁等，也可以通过收取服务费的方式来补偿。此外，政府在市场经济中还扮演着社会管理者的重要角色，如制定和颁布各种法律、法规和制度规范市场秩序；提供与管理信息，如出台各种质量认定标准、发放各种营业执照等。当然，政府还负有保护文化遗产、珍稀资源等义务，这类活动的费用也主要由财政负担。

（3）公共工程。保障市场发展的公共工程主要有三类。

第一，公共设施，如道路、桥梁、路灯、排污管道、港口码头、公园绿地等。通常，这类公共设施的大部分投资将由政府的公共支出承担。当然，少数情况下也可以由私人投资提供，如港口码头的建造。因为这类设施具有很强的"混合产品"的属性。换言之，它所具有的私人产品属性决定了它可以由私人投资来建造。

第二，交通基础设施。这类设施具有一定的个人消费性，可以采用收取使用费的方式来补偿建造成本，所以可以由私人投资兴办。但是，由于这类设施又可以垄断，具有可排斥性，因此又不能完全交由市场，而是需要政府适时介入，以矫正其垄断性的一面。故这类设施的投资有其特殊性：可以由政府全额投资，或者由政府和私人共同投资，或者由私人全额投资。但是，这类设施的建设规划必须由政府审批认定，其收费标准也必须由政府通过法定程序确定。最为重要的是，无论投资方是谁，其定价都只能以不获取垄断利润为前提。

第三，是大型水利基础设施。现代财政必须具有相当的财力，以确保政府对防洪堤坝和调水灌溉等水利基础设施的投入。水利问题从来都是国家必须重视和努力解决的问题之一，其投资自然应该由政府通过财政预算来安排。不过，政府也从来未排斥私人投资于其中。

（4）外部效应。外部效应是在私人提供产品的过程中发生的，因此，外部效应的防范和纠正，基本上只能靠政府的介入。政府纠正和防范外部效应的行为主要有两类：一类是防止、阻止或减弱负外部效应的发生，如将治理环境污染的各种费用强制性地纳入该行为实施者的成本范围内，政府可以通过征收相应的税费来贯彻；另一类是支持、鼓励或褒奖外部效应的发生，如对个人植树造林的奖励、城市绿化的维护、自然野生动植物的保护等，这些行为常常是以财政发放补贴的形式来实现的。此外，还有对基础产业和新兴产业的直接介入等。

（5）自然垄断行业。在各国的自然垄断行业或领域内，如果没有政府的控制或介入，投资这类领域的私人部门就总能获取垄断利润，进而影响市场竞争的公平性，甚至会导致社会资源和要素受到影响。对于这类领域，政府有多种介入方式，如可以采用直接投资、提供财政补贴等方式。当然，政府也还可以通过定价政策来发挥相应的影响力。

（三）收入分配职能：公平职能

在市场经济下，政府有义务和责任遵循社会认可的"公平"和"公正"原则，通过财政收支对国民收入、财富与社会福利进行再分配，以保障整个社会处于相对公平的状态。

1.收入分配职能认知

所谓收入分配职能，是指财政通过收支活动对各个社会成员的收入在社会财富中所占份额进行调节，以达到收入公平分配的目的。收入或财富的分配原本是市场资源配置的结果，而对这个结果进行调整或纠正，是财政收入分配职能的表现。

目前，社会公平涉及的主要是国民收入、财富和社会福利等的分配状态，即社会成员之间的贫富分布状态及其差距问题。这可以从以下两个层面理解。

第一，它仅指国民收入、财富和社会福利在社会各阶层之间的分布状态问题。当这种分布导致了贫富差别，就产生了社会公平与否的问题。

第二，公平与否依据特定时期和不同国家的标准来确定。不同时期、不同国家有着不同的社会公平标准，甚至在同一国家的不同区域间也存在着某种公平标准的差异。近年来，我国开始实行的"最低工资水平"，在不同地区其标准就有所不同。其中，沿海地区高于内陆地区。

在市场经济中，收入和财富的分配，首先取决于生产要素的"生产能力"或其"贡献"的大小，即取决于每个分配主体所拥有的生产要素的状况，与人们所提供这些要素的市场价格。一般来说，生产要素的状况决定竞争的分配结果。竞争会带来高效率，但是又往往产生不公平的分配结果，因为各分配主体拥有的生产要素数量不同、禀赋不同。生产要素占有数量的多少，决定了它们在市场竞争中的价格。由于不完全的市场竞争也可能导致市场价格的不同，所以，据此来进行的分配也会出现偏差。这就需要由政府来进行调整和再分配，这就是现代财政的收入分配职能。当然，对于不公平的收入分配结果，还可以选择另外的一些方式进行纠正或调节方式，如可以通过慈善事业来进行收入和福利的自愿再分配。但要注意的是，将这种再分配用于大规模的社会分配是不可能的，因为它缺乏协调和统一，极容易产生混乱。不过，由于政府占据有利地位，所以，收入再分配活动可以在全社会范围内进行统一、协调和规范。

2.收入分配职能机制

财政在执行其收入分配职能时，首先要认识自身的运行机制，即在对收入分配过程进行调整和纠正时，要考虑如何处理与市场收入分配机制的关系。

一般来说，这是以公平和效率为市场经济特征的情况下，任何一个国家都面临的一项重要抉择，它制约了政府的活动与财政对收入分配的干预。财政在调整个人收入分配问题时，必须考虑公平与效率的得失，并且在两者之间进行权衡。由于政府的财政再分配在一定程度上模糊了生产要素"贡献"与收入分配结果之间的对等关系，这种公平名义下的再分配就易损伤分配主体的生产经营积极性，影响他们的生产和投资决策的行为，从而造成资源使用的效率损失。所以，财政在进行收入再分配时，必须考虑这种调整对效率产生的影响，在再分配政策所导致的效率损失与公平分配的收益之间进行权衡，从而选择财政收入分配的方法和限度。

从世界各国发展的经验来看，发展生产力、提高资源配置效率一直是各国财政面临的首要问题。在发展中国家，其财政在调节收入分配政策取向上总是强调效率优先、机会均等、兼顾收入公平。换言之，就是要把财政公平建立在竞争公平的基础之上，把公平竞争和机会均等作为财政分配中公平与效率的结合点。因此，在界定财政收入分配职能时，应该强调以下机制问题。

（1）财政不应该过多地干预劳动收入分配，即对于按劳分配的结果，财政不应该大幅度介入。按劳分配原则已经包含了社会公平的含义，所以，从理论上来说，它不属于财政收入分配机制的范畴。在社会实践中，因征收个人所得税所产生的财政收入再分配结果，应该通过体现"量能负担"等税收公平原则的税收制度的设计来解决。

（2）财政应该满足社会成员的最基本需求。这里所说的社会成员，主要是指那些无竞争能力、无劳动技能或者劳动技能较低的老、弱、病、残者。对这些人，财政必须通过转移支付制度的设计和实施，来解决这类社会成员的生存问题。

（3）财政应该把收入差距缩小到合理的范围内。对于凭借生产资料的所有权参与收益分配所形成的收入及其他非劳务收入，财政应该加强调节，尽可能地把这类收入差距控制在一定的幅度内。

（4）财政应该保证和规范公务员工资。因为一般企业员工工资实行的是按劳分配，其工资水平由劳动力市场价格和企业经营成果来确定。而公务员工资却难以完全遵循按劳分配的原则，所以必须由财政予以保证和调控。

3.收入分配职能范围

现代财政依靠强制性的税收收入，为社会提供了公共教育、福利服务、公共卫生、防疫保健、住房消费等公共产品，以减轻市场经济中收入分配不公平的程度。总体而言，这些主要是通过税收调节、转移支付和公共支出等来完成的。

（1）公平税赋以保证公平竞争环境。在竞争起点不同的情况下，财政通过税收进行收入再分配活动。这是一种带有强制性的、在全社会范围内对收入进行直接调节的活动。这可以从两个层面来理解：一方面，税收对不平等的经营权利和环境进行调节，如调节垄断经营和不正当竞争收入、调节自然资源差距带来的级差收入，尽量消除收入不平等中的机会不平等；另一方面，对平等竞争条件下所获取的收入采用相对"中性"的税收政策，以保护其积极性。当然，在税制设计时，要考虑不同税种的作用和特点，因为单一的税种不可能覆盖所有的财政政策目标。所以在实际操作上，各国实行的都是复合税制。

（2）转移支付以保证公平竞争实现。通过财政转移支付进行的收入再分配，是一种更直接的方式。它能将货币直接补贴给受益人，有明确的受益对象和范围，在实践操作上也有明确的政策选择性，所以，对改变社会分配不公平有着更为显著的作用。这时，界定财政转移支付的对象、范围和数量，就成为非常重要的选择。因为滥用转移支付很容易造成平均主义，助长无效率情况发生。从农业这类弱势产业的财政扶持上来看，为了增强农民的竞争能力，实现收入分配公平的目标，应该增加农村教育投入，提高农村劳动力本身的文化素质和接受科学技术的能力，再辅之以适当的农村税费减免和农业补助、增加农田水利建设投资等。

（3）公共支出以保证公共福利均等。一般来说，这是一种间接的财政方式。它减少了个人的选择机会，受益对象具有广泛性和普遍性的特点。但是这种财政方式易降低财政进行再分配活动的质量。为了实现收入分配公平的目标，对实现手段进行合理选择是非常必要的。其具体实施办法如下。

第一，征收个人所得税。私人的劳动收入和资产收益差距，是导致社会产生收入差距的基本原因。个人所得税直接针对这部分收入课征，并在超额累进税率的设计下，用较高的税率拿走了富裕阶层的部分收入，而对于贫穷阶层则采用不征税的方式或者只征很小比例的税款。这样个人所得税就能对对个人由于劳动能力和财富占有的差别所产生的贫富差距现象进行抑制。

第二，征收财产税。在实行个人所得税之后，社会成员之间在收入上仍然有相当大的差距，它可能引发或加剧社会财富与财产分布的不公平状态。如果将财产差距所引起的财产收益差距拉大，就会进一步扩大社会分配不公平。政府财产税的设计，就主要是对富裕阶层征收的。它会缩小社会各阶层在财产分布上的差距，有助于缩小社会成员在财富上的差距，因此，有人将财产税视为利用财政手段防止社会不公平的第二道防线。

第三，征收遗产与赠与税。由于遗产是让财富分布差距在不同代人之间累积的直接因素，因而遗产与赠与税的征收，将会进一步控制财富及其收益两极分化的累积程度。

第四，财政济贫支出安排。这是各国政府依据相关的济贫法案法规等，通过政府预算支出安排，对处于"贫困线"以下的社会成员给予生活补助。所谓"贫困线"，就是指维持社会成员个人和家庭最低生活水平的收入标准。

第五，财政社会保险支出安排。在市场经济条件下，失业、疾病、伤残和退休等是必然存在的现象。虽然这类现象是社会成员个人在市场的自发作用中产生的，这类现象的应对和克服可以完全由个人来承担，但是从社会范围来看，由于这类现象的普遍性和必然性，它不仅仅影响某个人或家庭的遭遇或处境，而且还是关系到整个社会秩序和市场运行是否正常的重大问题。再加上个人应对市场风浪的能力非常有限，即使是社会团体的力量也不足够强大，所以需要政府财政大力发挥作用。为此，政府需要建立社会保险制度，并且通过公共财政支出安排为其提供相应财力保证，这样才能较好地解决社会保险问题。实际上，由于社会保险制度对于社会的贫穷阶层是大为有利的，所以，它具有让社会福利保持公平的作用。

第六，财政社会救济和抚恤支出安排。在现代社会，可能会有自然灾害发生。为了减少自然灾害给社会带来的影响，就必须依靠政府财政上的直接支出。为此，现代财政于各种社会救济和社会抚恤的费用支出，在客观上发挥着公平社会福利的作用。

第七，政府干预自然垄断行业。市场经济下的规模报酬是递增行业自然垄断的结果，政府必须及时介入。为此，政府对这类行业通常实行价格限制，以防止它为了谋取垄断利润而损害公众利益。再者，在当地，自然垄断行业大多属于生产或生活的必备条件或生活必需品，如自来水、燃气、市内公交等，其价格水平影响着整个区域的生产和生活状态，具有强烈的外溢效应。因此，政府往往通过公共财政或者直接投资对这类企业实行国有，或者以提供补贴以抵补其亏损等方式，使自然垄断行业实行低价政策。而政府的这种投资性支出就是调节整个社会经济生活的重要手段。

（四）稳定经济职能：稳定职能

在市场经济条件下，由于市场机制的自发性作用，使得社会经济发展总是处于一种周期性的波动之中，即商业周期性循环的状态之中。

1.稳定经济职能认知

所谓稳定经济职能，是指通过实施特定的财政政策，实现充分就业、物价稳定、经济适度增长、国际收支平衡等目标。由于市场机制的作用，不可避免地造成社会总供给与总需求的不平衡，从而引发通货膨胀、失业、经济危机，甚至还会出现与通货膨胀和经济停滞并存的"滞胀"局面。这就需要政府对市场进行干预和调节，以维持社会生产、就业和物价的稳定。因此，稳定经济增长就自然成为财政的基本职能之一。

所谓"稳定经济"，其含义具体为：充分就业、物价稳定和国际收支平衡。从根本上来说，这些都属于宏观经济总量平衡的问题。而关于"经济增长"的含义可谓是众说纷纭，其中，有一种观点认为，经济增长就是经济持续、稳定地健康发展；另一种观点认为，经济增长的概念应该包括发达国家、发展中国家和不发达国家或地区，它不仅是指经济的适度增长，如GDP、NI与人均水平，同时还包括资源的利用效率、产出和收入结构的变化，以及社会生活质量的全面提高等。

2.稳定经济职能机制

通常，在传统的计划经济体制下，经济稳定增长的目标是由计划来实现的，经济发展的不稳定也常常是因计划的失误而造成的。所以，政府用计划的调整和行政的办法来解决，如压缩基建、削减支出等，最终以效率损失和减缓经济发展的代价来换取经济的稳定。在市场经济条件下，财政的稳定经济职能并不是由政府直接操纵，而是通过确立公共支出和税收机制，辅之以货币政策的协调，以此来为经济的稳定增长提供必不可少的前提条件。具体调解方式与机制如下。

（1）调节社会供求平衡的相机抉择机制。财政调节社会总供给和总需求不应仅仅着眼于政府财政收支的平衡，而是应该从整个社会经济的协调发展入手，以影响物价水平；调节社会投资需求水平与结构以及个人消费水平与结构，进而促成社会总供给与总需求大体保持平衡。当供大于求时，政府应该采取扩张财政政策：或扩大财政支出，或减少税收，或两者并用，以增加有效需求，促使总供给与总需求平衡；当供不应求，需求过旺，供应相对不足时，政府则应该采取紧缩的财政政策：减少财政支出，或者增加税收，或两者并重，以抑制过度的需求和通货膨胀，促使总供给与总需求保持平衡。而政府通过有目的、有计划的集中性收支活动来调节微观经济主体，并不利于宏观经济协调发展的行为因素，这就是所谓的"相机抉择机制"。

（2）完善灵敏的政策自动传递机制。政府除了主动运用相机抉择机制来稳定经济外，还会通过设计财政的"自动传递机制"来实现稳定经济的目标。所谓"财政的自动传递机制"，是指财政分配本身所具有的自动实现稳定经济职能的制度安排。当社会经济出现萧条时，如生产停滞，失业增加，财税制度会自动趋于提高总需求，恢复经济平衡；而当恢复经济繁荣时，如果物价上升迅速，财税制度又会自动降低总需求，以实现稳定的目标。这种自动稳定的财政机制，是借助于累进的所得税制度和社会福利转移支付制度的确立来完成的。换言之，要想稳定经济目标的自动实现，就要求有健全的财税制度、完善的市场体系和灵敏的政策传递机制。

（3）财政政策与货币政策的组合协调机制。市场经济也是货币经济，每项经济活动都与货币的运动有着密切的关系，政府的财政收支活动也都与政府的货币政策有着直接的关联。因此，稳定经济的财政机制必然需要财政政策与货币政策的鼎力相助。这可以从两方面来理解：一方面，财政政策和货币政策各有所长，财政政策主要通过财政收支规模和结构的变化、调整来影响经济；货币政策主要通过控制货币供应量来适应不同时期经济发展的需求。所以，政府对现金储备、贴现率、公开市场业务、信用控制等货币政策的运用，就必然成为实现稳定经济目标的重要机制。另一方面，财政政策措施和货币政策措施只有相互配合、取长补短、形成合力，才能让政府获得最大的政策效应。

3.稳定经济职能范围

西方市场经济国家的发展史表明，随着市场经济体制的培育和推进，各国经济周期的间距越来越短，经济波动的幅度越来越大，频率越来越快，经济危机造成的危害也越来越严重。其中，最典型的表现是20世纪30年代世界性经济危机的爆发，如果不能有效解决这次经济危机，西方市场经济体制将会被否定。财政稳定经济职能机制的建立，就是要求政府运用财政政策，再辅之以货币政策和其他政策，来实现社会总供给和总需求的相对平衡，以及在平衡中实现经济增长的目标。经济稳定增长的目标，集中表现在实现社会总供给与总需求的基本平衡。若总供给与总需求大体平衡了，物价基本上是稳定的，经济增长基本上是适度的，基本上可以实现充分就业和国际收支平衡的目标。

不过，出现经济危机并不表明市场机制无力配置资源，而恰恰是市场有效运行的结果。从某种意义上来说，市场配置的社会资源越是充足，市场发展的状况越好，则社会生产出现相对过剩的可能性就越大，发生经济危机的规模就越大，资源损失会越多，对市场经济的破坏力会越严重。因此，市场经济尽管在微观上能达到资源最佳配置状态，但在宏观上却无力进行自我调节与保持平衡，以保持经济稳定的状态。

由此可见，政府是调控宏观经济的唯一有效力量。政府是掌握政治权力的社会性机构，具有对国家宏观经济活动进行调节控制、施加影响的能力，只有政府才能直接掌握实施宏观经济调控的财政机制和手段。宏观经济运行的不稳定，是由于私人经济部门的总供给与总需求的失衡，而要想纠正这一失衡，必须依靠政府的财政活动。其中，财政稳定经济机制的运行，就是财政履行稳定经济职能的具体表现。

需要强调的是，从短期效应来看，政府的财政调控机制作用的重点是要满足社会总需求。不过，若从长期效应来看，要实现社会经济的稳定增长，财政应该重点调节社会总供给，如对资本积累的调整、劳动力供给与产业结构的调整等。

换言之，优质高效的产业结构是经济长期增长的基本条件之一。财政稳定经济机制的运行，应该配合国家的产业政策，引导社会各个部门调整投资结构，优化产业结构，提高产品档次，以实现高水平的经济增长为目标。

第二节　财政收入与支出

一、财政收入

财政收入，又称公共收入，是指政府为了满足其支出需求，而参与社会产品分配所获得的各种收入。财政收入的定义可以从不同角度加以描述，因而有了广义财政收入和狭义财政收入的区分。所谓广义财政收入，包括政府的一切进项或收入，主要有税收收入、公债收入、国有资产收入和各种行政收入等。所谓狭义财政收入，仅仅是指政府每年的"定期收入"，即被称为"岁入"的收入，只包括税收收入和除公债外的非税收入，如各种规费、管理费、政府提供劳务的工本费、公产收入及国内外援助收入等。政府获得财政收入主要凭借公共权力，如政治管理权、公共资产所有权、公共信用权等，其中，政治管理权是核心。

（一）财政收入的分类

为了深入研究影响财政收入的因素，探寻增加财政收入的主要途径，加强对财政收入的管理，需要根据各种财政收入的特点和性质，对财政收入进行一定的分类。而常用的分类方法主要有以下五类。

1.按照财政收入的获得有无连续性，可分为经常性收入和临时性收入

所谓经常性收入，是指政府在每个财政年度连续、反复获取的收入，主要有税收收入、行政收入、国有资产收入和国有企业收入等。所谓临时性收入，是指政府所取得的不经常或不规则的财政收入，主要是公债收入。

2.按照财政收入所凭借的获得权力，可分为公法权收入和私法权收入

所谓公法权收入，是指政府凭借政权强制地从社会成员手中获取的财政收入，主要是税收收入和罚没收入等。所谓私法权收入，是指政府依据任意原则或自愿原则从社会成员手中获得的财政收入，如国有财产收入、国有企业收入和公债收入等。

3.按照财政收入的获得对国民经济购买力所产生的影响，可分为财政政策性收入和货币政策性收入

所谓财政政策性收入，是指政府通过征收现有购买力的一部分而形成的财政收入，主要有税收、公债、罚没款等。所谓货币政策性收入，是指政府采用铸造

货币、发行纸币等方式来创造购买力而获取的财政收入，如中央银行直接认购公债，这就是在间接地发行纸币。一般情况下，财政政策性收入仅仅是社会购买力的转移，不会增大整个社会的购买力总量；而货币政策性收入却是凭空增加的社会购买力，常常会伴随着通货膨胀的发生，所以是一种虚假性财政收入。

4.按照财政收入的产业构成，可分为第一产业收入、第二产业收入、第三产业收入第二产业对财政收入的状况具有决定性作用，而第三产业对财政收入的贡献比重会越来越大。

5.按照财政收入的经济成分构成，可分为各种经济成分的收入

目前，就现实情况来看，我国财政收入主要来自国有经济成分，国有经济上交的财政收入占整个财政收入的2/3左右。另外，财政收入还可以按照国民经济的部门分类、按照行政区域分类、按照复式预算编制要求分类等。

（二）财政收入的规模

1.财政收入规模衡量指标

所谓财政收入规模，是指一国政府在一个财政年度内所具有的财政收入总水平。通常，财政收入规模用某一时期（一个财政年度）财政收入总额（绝对数额）或用财政收入占国内生产总值的比重（相对数额）来表现。财政收入规模是衡量一个国家财力和政府在社会经济生活中职能范围的重要指标。保持财政收入持续稳定增长，满足财政支出的需求，是各国政府所追求的主要财政目标。不过，财政支出的需求往往是无限的，而财政收入的供给却总是有限的。

2.影响财政收入规模的因素

国家在一定时期中财政收入规模有多大，财政收入增长有多快，不是或不仅仅是以政府的意志为转移的。财政收入的规模和速度受一国政治、经济等条件的影响和制约。所以，财政收入的规模分析必须从一国的综合国力出发，从以下方面来进行具体的分析。

第一，生产力发展水平的制衡。通常，生产力发展水平表现为经济发展水平、生产技术水平等。生产力发展水平会直接影响一个国家的国民收入总量。生产力发展水平高，则国民生产总值或国民收入总量就大，给政府提供财政收入的能力就强。若一个国家的国民收入总量较大，给政府提供财政收入的能力就大；即使该国财政收入占国民收入的比重不变或略有提高，该国财政收入的规模也必然增大。从世界各国政府财政收入规模的比较中可以看出，发达国家的财政收入规模大于中等收入的国家，中等收入国家的财政收入规模又总是大于发展中国家或低收入水平的国家。

第二，价格水平变动的制约。财政收入是一定量的货币收入，是在一定的价

格水平下在一定时点按现值计算的。凡是价格水平变动所引起的国民收入再分配，最终都将影响财政收入规模的大与小。对应通货膨胀的情况，经济学家在分析财政收入规模变化时，所提及的财政收入的"虚增"或者说名义上增长而实际上的负增长，就是在讨论由于价格水平变动所导致的财政收入的"贬值"问题。

第三，财政分配政策的影响。财政收入主要来自国民收入中的 M（剩余产品价值）部分，少部分来自国民收入中的 V（补偿活劳动耗费的价值）部分。当一定时期的国民收入总量既定时，V 的最低限度就是当期 M 的最高限度。因此，财政分配政策决定着 M 占国民收入的比重，而且 M 中的一部分，即必须留作企业扩大再生产必备资金的份额，同样是由财政分配政策所决定的。所以，不同时期的财政分配政策，都是制约财政收入规模的一个重要因素。

第四，财政收入规模确定。拉弗曲线是对税率与税收收入或经济增长之间关系的形象描述，因其提出者为美国经济学家阿瑟·拉弗而得名。该曲线的基本含义是：保持适度的宏观税负水平，是促进经济增长的一个重要条件。拉弗曲线表明在较低的税率区间内，税收收入将随着税率的增加而增加；但是由于税率会对纳税人投资和工作的积极性产生影响，当边际税率超过一定的限度时，将对劳动供给与投资产生负激励，进而抑制经济增长，使税基减小，税收收入将有所下降。

（三）财政收入的形式

财政收入的形式主要包括三类：税收收入、公债收入和其他收入。

1. 税收收入

税收收入是指政府通过征税方式获得的财政收入，是将纳税人的一部分收入无偿、强制地转移给政府使用。与其他两类财政收入形式相比较，税收是政府取得财政收入的最佳形式。征税是政府的纯收入，不必支付任何等价物，既不会凭空扩大社会购买力，又不会引发无度的通货膨胀。与此同时，由于它是政府的强制行为，依据法律可以经常性地取得收入，所以可以为财政支出提供较为充足的资金来源。因此，在各种可选择的财政收入形式中，各国学者们最为推崇税收这一形式。

2. 公债收入

公债收入是政府直接以债务人的身份筹集财政资金的一种形式。从某种意义上来说，公债和税收并无本质上的区别，因为公债还本付息的资金最终来源于税收，公债只不过是延期的税收。不过，不能将债务收入和支出视为政府经常性行为的结果，不能看作政府财政盈余或赤字的组成部分，只能作为弥补财政赤字的手段。政府通过举债取得的财政收入是要按期还本付息的，是以支付一定的代价来换取的临时性收入，虽然一般不会引发通货膨胀，但是要受到社会购买力和购买者意愿的限制。最关键的是，政府发债的规模如果不适度，就会引发政府的债务危机，严重时可能导致政府破产。

3.其他收入

其他收入主要是指政府提供某种公共服务或为实现某一特定目的所获得的收入，包括规费收入、事业收入、国有资产收益、公产收入、罚没收入等。这些虽然也是政府经常性的收入，但是这类收入的规模非常有限，数额非常小，根本无法满足政府职能膨胀所带来的财政支出的不断增长。而且其中有一些收入形式，如政府直接增发货币筹集的财政收入方式，经常会造成通货膨胀，给经济的稳定发展带来极其不利的影响。

二、财政支出

财政支出，也称公共支出或政府支出，是政府为履行职能、获得所需要的商品和劳务而进行的资金支付，是政府活动的成本。在此有必要区分"财政支出"与"财政开支"两个概念：财政支出是指政府可以支配的资源，而财政开支则是指政府在一定时期内实际消耗的资源。当财政支出大于财政开支时，政府预算表现为财政盈余；反之，则表现为财政赤字。

财政支出是政府分配活动的重要内容，财政对社会经济的影响主要是通过财政支出来实现的。因此，财政支出的规模和结构，往往可以反映一国政府为实现其职能所进行的活动范围和政策选择的倾向性。具体可以从以下两个方面来理解政府为市场提供公共产品，安排财政支出的意义。

1.财政支出有利于确保国家职能的履行

在市场经济下，资源和要素属于资本和私人所有，作为政权组织和社会管理者的政府并不天生就拥有资源和要素，而为了履行职能，政府必须获得相应的资源和要素。财政就是政府为了获得所需要的资源和要素而进行的分配活动，只有当政府将所获得的资源和要素安排出去，形成政府的货币支出，才完成了资源和要素的索取与使用。政府在有了税收等收入之后，虽然是掌握了相应份额的GDP中的分配权，拥有了一定量的货币，但是如果财政活动到此为止，则政府仍然没有真正行使好所拥有的资源配置权力，尚未真正提供公共产品。为此，政府必须将已经取得的货币收入安排使用出去，经由市场换取所需要的资源和要素，才能够完成其履行自身职能的一次循环过程。换言之，没有财政支出，就没有财政活动任务的相对完成，政府也就无法履行其职责和功能。由此可见，财政支出对于确保国家职能的履行是具有重大意义的。

2.财政支出有利于支持市场经济的发展和壮大

随着改革的深入和市场经济体制的逐步建立健全，相对于市场经济，我国的财政支出具有了新意义：在市场化的过程中，我国财政正在向着公共财政模式转变，使得财政支出在制度、形式和运作机理等方面都逐步公共化，即正在成为"公共支出"。财政支出的公共化对我国市场经济体制的形成具有重大意义。因为在计划经济时期，社会资源的配置任务几乎全部由政府承担。具体来看，政府是通过国民经济计划直接提供相应的财力，来完成配置资源过程。当时的财政支出基本上由计划配置资源来体现，政府通过财政支出直接安排和形成了国民经济结构，甚至国民经济结构的调整，政府也是通过调整财政支出结构来完成的。

目前，我国的财政支出发生了很大变化，尤其是预算内支出方面。这一变化具体表现为：首先，我国财政正在大幅度地退出"生产领域"，大大地减少了直接的经济建设支出，相应地减少了政府直接干预经济活动的范围和程度，为市场因素的发展与壮大留下了一定的空间。其次，国家财政大量减少了营利性投资，目前其投资主要投向了公共支出方面。

（一）财政支出的原则

尽管市场经济下大量经济活动的职责是由市场来承担的，但是现代财政仍然对社会经济生活发挥着巨大的作用。与之相适应，现代财政支出规模庞大，涉及的内容和项目纷繁复杂。于是，如何正确合理地安排财政支出、提高财政支出的效率就是我们必须面对的一个重要问题。为此，财政支出必须遵循一定的原则。所谓财政支出原则，就是指政府在安排财政支出时应该遵循的基本准则。

众所周知，现代财政具有效率、公平和稳定三大职能，而财政支出就是政府履行这些职能所运用的最重要手段。因此，政府安排财政支出应该遵循效率、公平和稳定等原则，这是不言而喻的。不过，财政支出原则的具体体现是随着国家和社会经济的发展，以及国家职能的变化而发展的。在自由资本主义时期，财政支出被视为非生产性支出，学者们因而提出了，按照"节约"和"量入为出"的原则安排财政支出的"廉价政府"口号。到了19世纪中叶，随着社会政治经济矛盾的激化，出现了"市场失灵"，需要政府干预经济、干预社会生活，以保证社会的稳定与经济的发展。由此，对财政支出原则的表述有了较大的变化。其中，日本学者井首文雄在其专著《日本现代财政学》一书中以"经费原则"为题，对财政支出应该遵循的一系列原则做了较为系统和全面的论述。他认为经费原则，即决定经费的质量范围与支出办法时应该遵循的原则。这些原则具体如下。

第一，政治性原则。政治性原则是指政府只将企业办不到的事项、企业不应该办的事项、企业不想办的事项列入财政支出范围。除此之外，政府不应该支出经费。

第二，财政性原则。财政性原则包括经济节约和收支均衡原则。经济节约要求政府财政支出应该以节约为宗旨，即以最小的财政支出来获得最大的社会效益；收支均衡原则要求财政支出仅限于财政收入范围内，即量入为出。

第三，经济性原则。经济性原则要求财政支出应该能够促进国民经济发展，即通过财政支出来实现充分就业、物价稳定和保持经济适当增长的目标。

第四，社会性原则。社会性原则要求财政支出实现平等、社会公平，即财政支出应成为给所有国民带来利益的支出，而不能只限于让国民中特定个人和特定阶层获得利益。

中国现阶段的财政支出原则，是在借鉴西方学说的基础上，根据自身的国情与特点而提出的，主要表现在以下两个方面。

1. "厉行节约、讲求效益"原则

所谓节约，是指在经济与其他活动过程中的人力、物力和财力的节省。所谓效益，是指在经济与其他活动过程中的耗费与成果之间的对比关系，在市场经济下，也就是以货币计量的投入与产出的对比关系。近年来，中国政府正在逐步从以往承担的过多职能中退出，这使得预算占国民收入的份额有了大幅度的下降。不过，如果考虑到预算外和制度外等因素，则财政支出的绝对规模仍然很大。由于财政支出对于体制改革、经济发展和社会稳定具有巨大作用，因此，财政支出的浪费，就会对改革、发展和稳定产生极强的干扰和破坏作用。

资本追求利润最大化的本性，决定了现代财政应该具有"厉行节约、讲求效益"的本性。为此，市场和资本是通过财政的法治化来做到"厉行节约、讲求效益"的。在社会舆论监督和法律的约束下，用一种内在机制去约束和限制政府，使得政府不能不尽量节约、有效地安排和运用财政支出。为此，只有依靠深入改革去进一步健全完善市场经济体制；加强民主与法治的建设，通过社会舆论和各级人民代表大会的约束与监督，从根本上改变和克服我国目前财政支出的低效浪费状态。

财政支出要做到节约有效，还必须依靠政府本身的积极性和主动性。财政预算是政府编制的，被通过的预算方案是由政府来执行的，所以政府对于财政支出能够发挥很大的作用。因而，"厉行节约、讲求效益"应该贯穿于财政支出的全过程中，即贯穿于财政预算的编制、审议、执行和监督的全过程。

2. "统筹兼顾、全面安排"的原则

所谓"统筹兼顾、全面安排"，是指政府在安排财政支出时，必须对各方面的支出需求和自身财力进行综合考虑和安排，既要保证重点，又要照顾一般。

在计划经济时期，财政支出的"统筹兼顾、全面安排"主要解决如何兼顾好积累与消费、生产与生活的关系，如何安排好国民经济的各种比例关系，从而确保整个国民经济有计划、按比例协调发展的问题。

近年来，市场化改革使政府在社会资源配置中的地位发生了根本的变化，而政府财政支出的安排主要是处理好以下层面的关系。

（1）处理好改革、发展与稳定的关系。由于我国改革的政府主导型性质，政府便承担着方方面面的职责，付出了巨额的成本，给财政造成了巨大的财力压力。再加上，财政在一定时间内所能筹集的财力是有限的，相对于巨额需求是非常紧缺的，所以在财政支出安排上就出现巨额需求与支出可能之间的矛盾。为此，政府就必须根据转轨时期经济和社会的特点，来妥善处理体制改革、经济发展和社会稳定等方面的财力需求，以平衡好这些方面之间的关系。

（2）处理好财政与市场的关系。公共财政原则上不得直接插手市场活动，公共支出就不能包含有营利性投资和补贴企业的内容，但是作为公有制资本所有者的代表，我国政府又必须对此承担责任。不过，这部分财政支出不是公共支出，而是国有资本财政支出。为此，政府在安排财政支出时，应该配合国有资本从一般竞争性和经营性领域退出，逐步减少资本性质的支出，尽可能多地将有限的财力用于公共性质的支出，为最终建成公共财政体制做好准备工作。

（3）处理好财政投资性支出和经常性支出的比例关系。财政的投资性支出，对基础设施、基础产业和新兴产业的建设与发展，甚至对整个市场经济的发展有着必不可少的作用。而财政所安排的经常性支出，则对政府机构和事业单位的正常运转、对各项事业活动的开展等，都直接发挥着决定性作用。最为典型的是，科学技术和文化教育等方面的支出，对于我国科技水平和整个民族教育水平的提高，都具有至关重要的作用。因此，财政对于投资性支出和经常性支出是不能忽视或偏重任何一方的，否则，都将不利于我国现代化建设和市场经济发展的进程。

（二）财政支出的分类

在财政实践中，财政支出总是由许多不同的、具体的支出项目构成的。对财政支出进行分类，就是对以怎样的形式向社会提供公共产品（或劳务）进行考察，以便政府对财政支出的性质和费用大小作出评价，进而提高政府财政支出的效率。然而，在国际上，财政支出的分类并没有统一的标准。由于对财政支出进行分析研究与管理有不同的需求，人们常常采用不同的方法或从不同的角度进行分类。总体来说，财政支出的基本分类方法有两种，即理论分类法和预算分类法。

1.财政支出的理论分类法

从理论分类法上来说，财政支出可以根据所分析问题的不同需求，按照不同的标准进行分类，具体如下。

（1）按照财政支出与市场的关系，财政支出可分为购买性支出和转移性支出。

第一，购买性支出，也称消耗性支出，是指政府在市场上购买履行职能所需要的商品和劳务的支出，包括购买政府进行日常政务活动所需要的商品与劳务的支出，以及购买政府进行投资所需要的商品与劳务的支出，这类支出必须遵循等价交换原则。前者，如政府将其用于国防、外交、行政、司法等方面的支出，后者如政府可将其用于道路、桥梁、港口、码头等方面的支出。通常，购买性支出的数额，可以由政府购买的商品和劳务的数量乘以其单位价格来计算。虽然各个购买性支出的具体用途不同，但是它们都具有两个明显的共同点：一是政府与其他经济主体一样，在安排此类支出时，是在市场上从事等价交换的经济活动，即政府所支付的财政资金都获得了价值相等的商品和劳务；二是政府通过消耗其购买的商品和劳务，向社会提供各种各样的公共产品，以此来履行其各项职能，这样政府就直接消耗了一部分社会资源。综上所述，正是此类财政支出具有以上共同点，才因此将它称为消耗性支出或购买性支出。在这里需要说明的是，政府所消耗的这部分资源，是整个社会资源的有机组成部分，政府对这部分资源的消耗就排除了市场经济中其他经济主体消耗此部分资源的可能性，这意味着政府对资源的消耗是有机会成本的。因此，在国民经济核算中，西方国家总是将此类支出计入国民生产总值或国民收入之中。正是由于这种机会成本的存在，如何确定适度的政府支出规模，就成为市场经济中一个十分重要的理论和实践问题。这一问题的具体表现就是所谓的"挤出效应"。

第二，转移性支出，是指政府按照一定形式，将一部分财政资金无偿转移给居民、企业和其他受益人所形成的财政支出，包括政府用于补贴、债务利息、失业救济金、养老保险等方面的支出。政府在安排此类支出时，既不存在经济交换，即政府获得等价物的问题，也不存在政府占有并消耗经济资源的活动。尽管此类支出也履行了财政的某些职能，但是转移性支出所体现的是一种以政府和政府财政为主体，并以它们为中介，在不同社会成员之间进行资源再分配的活动。因此，在国民经济核算中，西方国家将此类支出排除在国民生产总值或国民收入之外。

按照这种标准对财政支出进行分类，对分析财政支出对国民经济运行所发挥的作用具有重要的意义。为此，这种分类也被称为按照财政支出的性质分类。就购买性支出来说，在市场上，政府以商品或劳务需求者的身份出现，运用其掌握的财政资金与其他经济主体所提供的商品和劳务相交换，直接占有并消耗一部分资源，它本身就可以说是社会总需求的一个有机组成部分。因此，对于整个社会的生产和就业来说，这类支出会产生直接的影响。虽然它对于国民收入的分配也有影响，但是这种影响是间接的。就转移性支出来说，政府将其掌握的一部分财政资金无偿地转移给居民、企业和其他受益者，政府既不直接购买商品和劳务，更不直接占有和消耗与该支出等价的经济资源。直接购买商品和劳务，直接占有并消耗与该支出所对应的经济资源的是该支出的直接受益者，他们消耗经济资源的量将受其边际消费倾向大小的影响，这样转移性支出只能是间接地、部分地列入当期的社会总需求中。因此，这类支出会对国民收入分配直接产生影响，而对生产和就业所产生的影响却是间接的。从总体上来看，在财政支出总额中，如果购买性支出所占的比重较大，就说明财政活动对生产和就业所产生的直接影响较大，政府财政所直接配置的经济资源规模也较大，此时的财政较多地在履行资源配置职能和经济稳定职能；如果转移性支出所占的比重较大，就说明财政活动对国民收入分配产生的直接影响较大，此时的财政较多地在履行着公平收入分配的职能。

（2）按照政府职能，财政支出可分为投资性支出、文教科卫支出、国家行政管理支出、各项补贴支出和其他支出等。不过，对于这一分类，各国并没有一个统一的结论，而是各执己见。从西方学者的一些论著来看，有的学者将财政支出分为国防支出、管理支出、经济支出和社会支出四类；有的学者将财政支出分为国防支出、外交支出、司法支出、教育支出、经济建设支出、医疗保健支出等；有的学者将财政支出分为国防支出、国际事务支出、一般科学与技术支出、能源支出、自然资源与环境支出、农业支出、商业与住房信贷支出、社会保障支出、司法支出、一般政府支出、运输支出、社区与区域发展支出、教育培训就业与社会服务支出、保健支出、收入保障支出、退伍军人补助支出、利息支出等。经过几十年的理论研究，我国学者对财政支出也有不同的表述。按照政府职能的分类，有的学者将财政支出分为国防支出、行政管理支出、科教文卫等事业支出、公共工程支出、社会保障支出、财政补贴支出、财政投资支出等；有的学者将财政支出分为经济建设支出、社会文教支出、国防支出、行政管理支出、债务支出、其他支出等。

按照政府职能对财政支出的分类，可以将财政支出与政府职能相联系，这便于从财政角度了解、分析在整个社会经济生活中政府活动的范围、方向、目的及其深度。从纵向来考察，可以揭示一国政府职能的发展变化；从横向考察，可以反映不同国家政府职能所存在的差异。

（3）按照财政支出的受益范围，财政支出可分为一般受益支出和特殊受益支出。一般受益支出是指全体社会成员均能享受政府所提供的利益支出。这类支出主要包括政府用于国防、外交、司法、公安、环境保护、行政管理等方面的支出。由于此类支出具有共同消费或联合受益的特点，所以对每个社会成员的受益量不能分别进行估计，受益成本不能分别进行核算。特殊受益支出是指仅有社会中某些特定居民或企业能享受政府所提供的利益支出。这类支出主要包括政府用于教育、医疗卫生、居民补助、企业补助、公债利息等方面的支出。由于此类支出所提供的利益仅仅是由一部分社会成员享受，每个社会成员受益的量因而可以分别进行估计，受益的成本也可以分别进行核算。

按照受益范围对财政支出的分类，便于分析不同社会成员对不同财政支出项目或同一财政支出项目的不同支出金额的偏好，从而有利于政府比较准确地把握公共支出决策过程中，不同社会阶层或不同利益集团所可能采取的态度，以保证在充分社会成员个人偏好的前提下，公共选择过程能够向着社会集体偏好的方向迈进。

2.财政支出的预算分类法

一般来说，政府预算中支出项目的编列与政府的具体职能和政府机构的设置密切相关。由于各国在社会制度、政治体制、文化传统、经济运行模式和经济发展水平等方面存在差异，各国政府的具体职能和机构设置就不可能完全一致，由此导致了各国政府预算中所编列的财政支出项目也不会完全相同。

从财政实践上看，财政支出是一种业务性活动，是政府财政部门日常工作的一个很重要的方面。这种业务活动的具体表现就是政府预算中支出预算的编制与执行。所以，对财政支出可以依据政府预算所编列的支出项目来进行分类，这就是财政支出的预算分类法。根据财政支出的预算分类法可以将预算支出科目分为政府公共支出和国有资产经营支出两大部分。

政府公共支出，通常包括教育、科学、文化、卫生、农业等事业支出，国家行政、国防、外交、公安、司法等项支出，价格补贴支出、抚恤和社会救济支出，其他社会公共支出，预备费列支，以及本级预算转移支付给下级的支出和上接上级支出。国有资产经营支出，通常包括基本建设国家资本金支出、企业挖潜改造国家资本金支出、科技三项费用、增拨企业流动资金、地质勘探费、支援农业生产支出、城乡维护建设支出、支援不发达地区发展资金、商业部门简易建筑支出和国内外债务还本付息支出等。

按照财政预算支出项目的用途所做的分类，是一种非常具体、实际和可操作的分类方法，它便于职能部门对各项具体支出进行安排、管理和监督。

（三）财政支出的规模

从客观上来看，当经济发展到一定水平，就要求社会提供与之适应的资源来用于社会公共事务，以满足社会的共同需求。虽然国民经济发展与社会公共事务需求之间并不存在固定模式，但总的趋势是，国民经济发展水平越高，社会公共事务的需求量就越大，财政支出规模也会逐步提高。财政支出的规模及其变化，直接关系到对政府及其财政与市场关系的认识和分析，因而，是必须关注的重要问题之一。而最需要关注的是财政支出规模衡量指标与财政支出规模增长的原因等。

　　财政支出规模是一个财政年度内政府通过预算安排的财政支出总额，它反映了政府在一定时期内集中、占有和使用的经济资源数量，以及由此而形成的财政与其他经济主体之间的各种经济关系，体现了财政职能发挥作用的广度和深度。对财政支出规模的衡量通常可以使用两个指标：绝对指标和相对指标。

　　所谓财政支出规模绝对指标，是指财政支出预算中的绝对金额，即财政支出总额，通常是由按当年价格计算的财政支出总量来反映，它能够比较直观地反映出财政支出的现状和变化情况。因此，人们在提及财政支出规模及其变动时，一般都是指财政支出的绝对额。

　　所谓财政支出规模相对指标，是指财政支出金额与其他相关经济指标的比值。因为财政支出金额与其他经济指标之间存在着密切的内在联系，分析、比较这些比值及其变化，更有助于对财政支出规模进行了解和掌握。财政支出规模的相对指标一般有两个：一是财政支出总额与GDP的比值，这一指标反映了国内生产总值中政府集中和支配的数额，表明了社会经济资源在公、私部门之间配置的基本比例；二是主要财政支出项目金额与国内生产总值的比值，其中，主要是购买性支出与国内生产总值的比值。购买性支出与国内生产总值的比值可以用来反映：政府实际消耗的经济资源量；政府购买的商品和劳务量；政府提供的公共产品数量。其中，第一个相对指标是衡量财政支出规模的最基本相对指标，可以反映出政府支配的财力对整个经济运行状态和效率的影响。

　　不过，在具体工作中，财政支出规模的衡量都会遇到一定的困难。从财政支出的绝对指标来看，由于西方国家绝大部分的财政收支都必须要纳入政府预算，其支出数目大体就是财政支出的规模，对其衡量就相对容易。目前，我国对财政支出的衡量却相对困难。因为我国政府预算支出大体只相当于政府支出的三分之一，预算外和制度外的政府支出却大约占了三分之二，而且没有正式公布预算外支出的数据，制度外的数据更是难以获取。与此同时，我国政府还有一定数额的营利性支出，并且是与公共财政支出交织在一起的，要想衡量公共财政支出的规模，就很难剔除其中营利性支出的部分。除此之外，更加难以衡量的是财政支出的相对规模，因为它不仅涉及财政支出的绝对规模，而且还涉及其他相关联的经济指标。通常，它是以当年财政支出的绝对额与GDP相对比，因此它除了要受到财政支出总额统计口径的影响外，还要受到GDP的定义和统计口径的影响。由于各国的统计口径不同，各国给出的财政支出数值、GDP的数值总是或多或少地存在着差异。为此，进行财政支出规模的国际比较时，应该注意国别的不同，并且在相应的调整基础上加以分析。

第三节　财政管理与财政管理体制

一、财政管理概述

所谓财政管理，就是在研究和认识财政分配规律基础上，按照客观规律的要求，把财政政策、法令、制度和财政计划付诸实践的组织活动。财政管理的具体含义可以从四个方面来理解。

第一，财政管理的主体是国家，具体承担财政管理工作的是各级政府的财政部门，因而属于国家管理的范畴。

第二，财政管理的客体是财政分配活动，包括财政收支活动及与此相关的经济活动，所以说财政管理属于经济管理的范畴。

第三，财政管理手段是指国家所能采取的一切手段，包括行政、经济和法律手段等。

第四，财政管理的目的是通过财政分配活动的组织、指挥、协调和控制，优化财政分配过程，促进国家经济协调有序发展。

（一）财政管理的目标

财政管理的目标是财政管理活动的基本依据，也是检验与考核财政管理成效的标准。财政管理的目标包括以下六方面。

1.构建良性循环的财政运行机制

财政运行机制是财政收支运行行为和方式的总称。财政收支的具体形式有很多，如各项税收、非税收入、国债、公共支出、财政投资、财政补贴等，而且它们相互影响、相互作用，从而形成了财政运行机制。财政运行机制的良性循环主要包括：规范的分税制财政体制——完善的中央税和地方税体系，规范的转移支付制度，规范化、法制化的财政管理，多元化、多层次的财源结构，多层次的财政预算管理模式等。

2.建立有效保障财政收入合理增长机制

财政管理水平的高低，直接影响到财政收入的多少。财政收入是否能得到有效保障，是检验财政管理的质量和成果的标准。现阶段财政管理主要应做到：强化税收征管；统筹安排财政预算外资金，增加政府的可用财力；加强预算收入征管质量的监督。

3.构造财政支出的有效监控机制

当前，要想建立平衡、稳固的财政，突出财政管理的特色，必须把加强财政支出的管理，作为重要任务和今后财政管理的一项基本工作。

4.确保财政收支平衡

确保预算收支平衡，是克服财政收支矛盾的必要手段。所以，需要通过加强预算管理，来保持财政收支平衡，实现财政管理的重要目标。在现阶段，应该做到：编制预算时，要坚持"收支平衡，略有结余"的方针；增收节支，保证预算收支平衡的实现；加强和健全财政立法，实行政府预算硬约束。

5.提高财政效率

财政效率要求公共部门利用资源的社会效益，要大于私人部门因放弃使用这些资源而造成的机会成本。与此同时，也要求公共项目利用资源所产生的社会效益，要大于因放弃其他公共项目对这些资源的利用而产生的机会成本。

6.管理财政风险

事实上，所有的公共组织都在不同程度上和范围内参与与风险相关的财政交易。而政府提供贷款担保，就或多或少地存在着财政风险。在许多经济转轨国家和发展中国家，经济、金融和社会政治领域重大风险都有集中到政府的趋势，由此削弱了财政的可持续性、政府的施政能力和可信度。通常，当政府面临严重的财政风险时，唯一有效的办法就是对财政风险进行及时全面的管理。

（二）财政管理的原则

财政管理作为制定和执行财政政策及法规、法令，规范财政关系与运行的行为，既要与国家的经济体制相配套，还要与国家的其他经济政策相协调，这是一种难度很大的经济管理活动，必须予以高度重视。

一般来说，财政管理必须遵循以下原则。

1.依据和运用市场规律的原则

财政管理必须自觉依据和运用市场经济规律，这是社会主义市场经济体制下财政管理的基础之一。在市场经济条件下，整个社会的经济利益结构是以局部利益和个别利益为基点，并且在其互相制约和协调中构筑而成。因此，财政管理必须承认各个基层经济单位和各级地方政府追求个别经济利益和局部利益的要求和行为，以及基层经济单位各自独立的经济利益。与此同时，还必须承认各地方政府独立于中央政府的经济利益。由此可见，财政管理就是要承认多元化经济利益，通过制度规范来协调各方面的利益，以防止其与全局利益发生抵触和冲突。

2.经济管理、法律管理和行政管理相结合的原则

财政的经济管理是指国家利用税收、收费、利润、成本、投资、支出、补贴等经济杠杆，以及不同形式的经济责任制，通过调整经济利益来对财政分配活动和相关经济活动进行管理。经济管理是在中央政府与地方政府、政府与企业实行

分权决策的情况下，促使地方和企业的经济决策和行为的内容、方式与管理目标自动地吻合。

财政的行政管理是指财政机关运用命令指示、规定、指令性计划、规章制度等行政手段，对财政收支活动与相关机构及活动进行组织、指挥和控制。运用财政的行政管理可以直接体现国家级上级机关的意志，保证国家统一的方针政策、规章制度、财政计划得以贯彻与实施。

财政的法制管理是指在财政活动中加强法制建设，强化法律手段。国家的立法机关要加快财政管理立法，逐步用法律的形式规范财政活动，以便在财政工作中做到有法可依，有法必依，执法必严。

（三）财政管理的内容

财政管理包括直接财政管理和间接财政管理。直接财政管理是指财政部门职责范围内的财政管理。间接财政管理是指财政与其他部门职责范围内的业务有密切关系，财政部门参与管理或者财政通过一系列政策工具对国民经济进行调节和控制。在此，我们只着重研究财政的直接管理。

财政的直接管理包括政府预算管理、预算外资金管理、税收管理、国有资产管理、财政投资管理和行政事业单位财务管理等内容。财政的直接管理内容具体如下。

1.政府预算管理

预算管理是各级政府财政部门一个重要的日常性工作，是财政管理的核心内容。根据《中华人民共和国预算法》的规定，各级政府的财政部门要认真做好预算的编制工作和组织预算的执行工作。除此之外，各级财政机关还要根据《中华人民共和国预算法》和预算管理体制所确定的权限来进行预算管理。

2.预算外资金管理

财政资金包括预算资金和预算外资金，财政管理自然也就包括对预算资金和预算外资金的管理。改革开放以来，我国的预算外资金增长较快，对经济建设和社会事业的发展发挥着积极作用。预算外资金由于其分散性和专用性特点，容易造成财政资金分散和政府公共分配秩序混乱，加剧固定资产投资和消费基金膨胀。所以，也必须加强这部分资金的管理。

3.税收管理

税收是财政收入的主要来源，也是调节宏观经济的重要杠杆。税收管理是指税务机关依照税法规定，进行税收政策的宣传、贯彻，依率征税、依法减免、积极组织税收收入的一系列活动。

4.国有资产管理

目前，我国的国有资产分为三大类：经营性国有资产、行政事业单位国有资产和资源性国有资产。而国有资产的保值增值，是财政管理的一项重要内容。

5.财政投资管理

财政投资管理的内容包括：财政投资规模要与国家财力和国家经济政策相适应；保证战略重点的投资；加强可行性研究；进行财政投资管理体制改革。

6.行政事业单位财务管理

行政、国防、科教文卫事业经费，属于公共需求的支出。随着与社会主义市场经济相适应的，公共财政模式的建立，满足公共需求的公共财政支出占财政支出的比重将会越来越大，有必要加强对这部分支出的财务管理，以提高经费的使用效益。

二、财政管理体制

通常所说的财政管理体制是指规定中央与地方以及地方各级政府之间，在财政收支划分和财政管理权限划分上的一项根本制度。财政管理体制的概念具有以下方面的含义。

第一，财政管理体制所管理和规范的是中央与地方政府之间以及地方各级政府之间的财政分配关系。按照一级政府就有一级财政的管理办法，各级政府和各级财政在法律上都拥有一定的税费征管权和财政支出安排权。在这些财政活动中，各级政府之间都不可避免地发生纵向和横向的财政关系，这些财政关系的规范和管理，则由财政管理体制这一根本制度做出规定，各级政府必须遵照执行。

第二，财政管理体制的核心内容是划分财政收支范围和财政管理职权，其实质是关于财权财力的集中与分散的一项基本制度。财政管理体制就是以不同财政行为主体的职能界定和事权划分为根据，对各自的财政收支范围和管理职责加以区分，并以制度形式将其确定下来。

第三，财政管理体制是国家经济管理体制的重要组成部分。

（一）财政管理体制的分类与内容

1.财政管理体制的分类

根据财力的集中与分散、管理权限的集权与分权的程度不同，财政管理体制大体上可以划分为以下三种类型。

第一，高度集权型。高度集权型的财政管理体制是指财力与管理权限高度集中于中央，地方的财力因而很小，企事业单位的自主权则更加有限。只有在高度集中的计划经济体制下才能实行这种财政管理体制，其最大的不足是不利于发挥地方和企事业单位的理财积极性。

第二，集权与分权结合型。集权与分权结合型财政管理体制是指财权与财力相当大的部分集中在中央，地方和企事业单位只有一定的财权和自主权。这种财政管理体制是建立在计划商品经济体制上的，其缺点是不利于地方和企事业单位积极性的发挥。

第三，分权型。分权型的财政管理体制是指在中央统一领导和统一计划下，地方有较大的财权和较强的财力，企事业单位自主权大大增强的财政管理体制。这种财政管理体制是建立在市场经济基础上的，是一种能够充分调动中央和地方积极性的财政模式。

2.财政管理体制的内容

财政管理体制的内容主要包括以下四个方面。

（1）确立财政管理机构体系。确立财政管理机构体系，就是在财政管理体制中把财政管理的组织机构确定下来，并明确系统内部各机构的管理职权。这是财政管理体制的基本内容。现在，我国组建的财政管理体系是与国家政权的分级管理相适应的分级管理体系，实行一级政府一级财政。目前的财政管理机构分为五级：中央、省、市、县、乡。各级财政部门内部设置不同的业务机构，分别负责各级财政业务的管理。

（2）划分财政管理权责。财政管理权责的划分，就是在财政管理体制中，把各级财政与同级财政各管理部门之间，在财政分配、管理等方面具体的权力、责任确认清楚，以确保责权利的明确到位，力求既要各司其职，又能强化管理、配合与协调。

（3）划分财政收支范围。划分财政收支范围就是明确各级政府财政收入的范围和应该保证的财政支出项目。财政收支范围的确定，是体现国家管理体制在集权或分权的财政方面倾向的表现。

（4）建立规范的政府间转移支付制度。政府间转移支付制度是中央政府为均衡各地方政府的财力状况，协调地区间的经济发展，将中央政府掌握的部分财力转移给地方政府使用的一种调节制度。在现代社会，以分税制为主要特征的分级财政管理体制下，政府间转移支付制度是协调中央政府与地方政府财政关系的重要分配制度。

（二）分税制财政管理体制

所谓分税制财政管理体制，是在划分中央和地方政府事权的基础上，按税种或税源划分各级政府财政收入的一种财政管理体制。分税制根据划分依据的不同，可以划分为分享税种式分税制和分享税源式分税制。分享税种式的分税制是通过不同税种的分割，来确定中央财政和地方财政的财政收入范围。分享税源式的分税制则是根据税源的分布情况，由中央政府和地方政府分别有所侧重地征收属于自己的税收收入。目前，我国采用的是有共享税的分享税种式分税制，这与我国经济发展的状况是密切联系的。

我国的分税制管理体制主要涉及以下方面的内容。

1.中央与地方事权及支出的划分

按照事权划分，中央财政主要负责国家安全、外交、中央国家机关运转、调整国民经济结构、协调地区发展、实施宏观调控与和中央直接管理的事业发展等事务所需支出；地方政府负责本地区政权机关运转与本地区经济及事业发展所需支出。与此相适应，中央财政的支出项目包括国防费、武警经费、外交和援外支出，中央级的行政管理经费、科教文卫等各项事业经费，以及由中央负担的债务利息等；地方政府的支出为地方行政管理经费、公检法支出、部分武警经费、民兵事业费等经费，以及在地方政府管辖范围与地方经济发展密切相关的一些地方性费用。

2.中央与地方财政收入的划分

根据事权与财权相结合的原则，中央与地方的收入划分实行按税种划分的办法。据此，可以把现行的税种划分为中央税、地方税、中央地方共享税三个部分。这其中，中央税属于中央政府的财政收入，地方税属于地方政府的财政收入，中央地方共享税则是按照不同的分配比例进行分割。

3.转移支付制度

通常，政府间的转移支付制度由两个部分组成：中央财政对地方税收的返还，以及原体制中央补助、地方上缴以及有关结算事项的处理。

第四节　现代事业单位预算管理的重要性

近年来，我国预算管理经历了多次改革，无论是部门预算、国库集中支付的推行，还是政府收支分类改革与政府采购制度的全面推行，都影响了预算管理的要求。通过改革建立健全了预算管理新机制，在廉政建设、规范事业单位支出、维护预算执行等方面都取得了明显的成效。

不过，由于各项改革还处于起步阶段，所以在预算执行的过程中还存在不少问题。

第一，思想认识不足，重视程度不够。一些事业单位未将预算纳入单位管理决策范畴，把预算编制只当作财务部门的日常事务性工作，单位领导不组织单位重要部门参与编制预算。由于财务人员较少参与单位项目的讨论、规划和决策，因此只能依据上年数据编制预算，这样预算不能与单位实际业务紧密结合，不能适应部门的发展需求，从而严重影响了单位预算工作的质量。

第二，预算编制过于僵化。预算编制缺乏灵活性是最大的问题，因为预算内容是对未来的预测，而未来是充满不确定性的，事情的发展可能超乎预算。此外，再加上年度中间开展计划外的工作或项目时，不考虑年初经费的预算，从而导致年度中间预算频繁追加，使单位时常面临较大的资金压力。

第三，预算实施缺少必要的控制手段与有效的监督机制。对事业单位的经费使用与社会效益结果，缺乏系统的考核机制，从而增加了经费使用的随意性。由于缺少必要的过程控制手段，难以有效地对预算进行必要的约束、监督和控制，造成预算在执行过程中普遍存在超预算范围支出的现象，从而导致预算管理失控。

通常，改进事业单位预算管理的策略主要有以下五方面。

一、建立规范的预算管理机构，保证预算工作顺利进行

成立单位预算管理领导小组，其主要成员由单位负责人、财务负责人、各科室负责人组成，并且建立完善的年度预算草案、预算方案，以保证预算管理工作及时、准确、顺利地进行。单位与主管领导要树立预算管理的意识，端正预算编制的思想，使预算充分发挥在财务预测、决策和控制等环节的积极作用。

二、加强预算编制的科学化、规范化

在预算的编制过程中要按照"自下而上，上下结合，分级编制，逐级汇总"的程序进行，确保本单位部门预算编制的真实、及时、准确、完整。部门预算的编制质量，直接影响到预算的执行和国家财政资金的申请等各项工作。只有科学编制年度预算，切实提高预算编制的质量，才能使其有效地指导和约束各项收支。

三、严格执行预算，维护预算管理的严肃性

事业单位要实施财务预算，落实财务决策，严格财务制度，建立有效支出约束机制，合理安排项目经费，杜绝浪费现象。要知道，预算管理是一项很严肃的工作，从预算的制定到预算的审批，从预算指标的控制，到预算项目的调整都必须要强调预算的严肃性。

四、加强预算执行过程的监督

要改变重预算、轻管理的现象，必须加强预算执行的监督，这是预算管理的一个重要环节。与此同时，还要建立经常性的检查和定期评估制度，在预算确定后，对资金使用的各个环节要进行全方位、多角度的监督，以达到跟踪问效、加强财务管理的目的，从而实现加强预算管理、强化预算监督的目标。

五、进一步完善和推进政府采购制度

对于事业单位来说，政府采购与单位的支出管理、预算编制紧密相连，在编制财政年度预算时，应该将政府采购项目及资金预算逐一列出，报本级财政部门汇总。由此可见，政府采购预算是事业单位部门预算的重要组成部分，实行政府采购预算制度可以为财政支出管理和部门预算管理建立一种全方位、全过程的管理模式，可以提高部门预算执行的准确率。因此，在实际工作中，要对政府采购预算加强管理。

预算分析是预算管理的后期工作，是对预算的实施进行总结评价，包括对支出的预算进行相关因素的分析，提出合理化建议等。预算分析可以发现预算管理中的可行之处和存在的不足，取长补短，促使事业单位管理和财务管理工作迈入科学化、制度化、规范化的轨道。随着部门预算、国库集中收付制度与政府采购制度的全面推广与日益完善，事业单位预算管理工作一定能发挥其应有的作用。

第二章　新形势下财务管理的创新理念

第一节　绿色财务管理

经济的高速发展带动了各个行业的进步，然而当人们在为取得的成就喝彩的同时，却不得不意识到一个非常严重的问题，即资源的总量日益减少，环境质量变得越来越差。在这个背景之下，财务管理工作就会朝着绿色管理阶段发展。

一、绿色财务管理概述

所谓的绿色管理，具体来讲是将环保和资源管理以及社会效益融合到一起的一种管理方法。相对于之前的管理方法，绿色财务管理，更加关注环境及资源，它的目的主要是促进社会的长久发展。

（一）绿色财务管理的内容

1.绿色财务活动

它在原有的财务内容中增加了环保和资源利用两个要素，它规定相关的主体在开展财务工作的时候，不单单要将经济效益考虑在内，还要将资源的全面利用及消耗能力、生态的受损程度以及恢复所需的资金等考虑在内，更加重视社会的长远发展。

2.绿色财务关系管理

绿色财务关系管理是在原有与出资人、债权人、债务人、供应商、买家、政府、同行等财务关系管理的基础上，增加了对资源关系、环境关系的管理内容。具体来讲，在开展新项目的时候，除了要做好和环保机构的沟通工作以外，还要联系资源部门，这样做的目的是保证新项目在新状态之下不会有较为严重的问题产生，避免导致资源受损，无法被永久利用。

（二）开展绿色管理的意义

1.带动财务管理工作的进步

我们都知道，作为一种科学体系，财务管理工作并不是一成不变的，它是会伴随社会的发展而进步的。当相关环境改变了，与之对应的各种系统及体制等都会随之改变，只有这样才能够适应新的发展态势。当今社会，资源的总数只会减少，并不会增加，因此为了长久地发展，就必须开展绿色管理。

2.促进社会和谐发展

我们人类在这个世界上已经存在了数千年，出于自身生存和发展的需要，我们需要一直开展各种活动，而最终目的都是获取利益。由于人的总数在不断地增加，虽说一个单体的活动可能不会对资源及生态产生负面效应，但如果是几亿人共同活动呢？后果可想而知。因此，为了避免生态继续恶化，为了我们的子孙后代能够更好地生活在这个世界上，就要开展资源和生态保护工作。在这种背景之下，我们就必须开展绿色管理。

二、绿色财务管理的现状

（一）环境、资源的产权难认定、认定难

以海洋资源为例，海洋占到了地球总体面积的70%左右，海洋资源的产权本身就难以划分。对于资源和环境而言，地球是一个整体，这种人为地、条块化地划分，并不利于资源和环境的整体向好；另外，即使海洋资源的产权可以划分清楚，但是海洋并不是静止不动的，海水每天都在流动，海里的资源每天都在变化，假如发生原油泄漏事故的话，海洋污染物会随着洋流运动发扩散到其他国家的管理范围内。因此，环境、资源的产权难认定、认定难。

（二）在环境、资源问题上，各国间难以形成责任共担机制

环境和资源其实是属于全人类共有的，但是在环境、资源问题上，各国之间很难形成责任共担机制。例如，二氧化碳的排放超标是极地上空形成臭氧层空洞的主要原因，各国在减少二氧化碳整体排放量这件事情上早已达了共识。然而，在具体到谁应该减少、减少多少的问题上，每个国家难以形成都在尽可能地争取最有利的减排额度，甚至互相指责，不断推卸责任，难以形成责任共担机制。

（三）缺乏对绿色财务管理的评价体系

绿色财务管理尚处在摸索阶段，评价体系更是缺乏。目前，比较被认可的绿色财务管理评价指标主要有绿色收益率和绿色贡献率，但是，这两个指标存在一

个突出的问题，就是难以进行衡量，即很难评价一个项目有哪些可以列入绿色收益率或者绿色贡献率的范围，以及列入绿色收益率或者绿色贡献率的评价比例标准是怎样的；很难像基尼系数那样有规定的标准，什么样的绿色收益率或者绿色贡献率的指标计算标准是正常的，什么样的指标计算标准是好的，什么样的指标计算标准是绝对不可以使用的。再加上目前并没有像注册会计师那样拥有审查资质的绿色财务管理师，人员队伍建设落后，绿色财务管理评价体系建设更是难上加难。

（四）绿色财务管理的执行和监督不到位

每个国家都设有相关的环境保护措施和资源控制制度，按理说，绿色财务管理的执行和监督本应该不是问题。但是，在实际的生产生活中，绿色财务管理的执行和监督并不尽如人意。由于法律、人员、经济等方面的原因，绿色财务管理的执行和监督受到诸多限制。一个很典型的例子就是企业排放废弃物的行为，在有人检查或参观的时，环保设备是运行正常的，但一旦解除了检查或参观的限制条件，就会有偷偷向外直接排放废水、废气、废渣等废弃物，虽然国家已多次发现警告，但不少企业依旧我行我素。环保部门的工作人员也无法时时监控所有企业。

三、原因分析

（一）对绿色财务管理的认识不足

由于很多人对绿色财务管理、不了解，甚至完全不懂，因此对绿色财务管理的重视程度不够，对绿色财务管理的研究也相对较少。目前，还至今都没有完整的关于资源和环境的产权认定标准，这也使得绿色财务管理的执行和监督更。

（二）从众心理作祟

小到个人，大到企业、国家等各个主体，都存在一定程度的从众心理，才会造成在环境、资源问题上，各国之间难以形成责任共担的机制。

（三）绿色财务管理的评价体系不健全

由于前文中所说的绿色收益率和绿色贡献率等指标难以量化考评，新的指标如环保设备上新率、环保设备使用率、资源消耗量、可再生资源再生速率、资源利用率等一系列指标还在研究当中，加对绿色财务管理研究的队伍尚未形成规模，研究人员较少且很难形成合力，同时缺乏环境保护、资源管理和精算师等专业人员，缺乏政府部门和企业乃至每一个主体的积极参与等，导致截至目前，绿色财务管理的评价体系尚未形成。

四、加强绿色财务管理的措施

（一）加快对环境、资源等产权认定的研究步伐

虽然对环境、资源等的产权确实很困难，但是在人类社会可持续发展的需要面前，我们必须发挥主观能动性，迎难而上，解决难题。首先，对绿色财务管理的认识、了解和重视，不应仅仅停留在口头上，更要落实在具体行动中；其次，要加强绿色财务管理研究人员的队伍建设，这不仅要培养会计、财务管理方面的专业人才，还需要培养环境保护、资源管理。以及精算师、数学、地理等方面的专业人才。这是一项关系人类社会千秋万代浩大的工程。最后，思想上重视了，人员到位了，还需要坚定不移地落实和执行，虽然这项工作漫长而琐碎，但我们必须要通过的承担起这个艰巨的任务。

（二）加强各国政府间的沟通协作，责任共担，共同发展

在绿色财务管理的推行上，各国政府责无旁贷。加强各国政府间的沟通协作，实现责任共担，才能共同发展、共同繁荣。首先，要摒弃的就是在环境保护和资源管理方面的从众心理，各国政府都应该认识到绿色财务管理的重要性以及政府行为在其中的重要作用，加强政府间的沟通与协作，共同履行具有国际约束力的环境和资源管理公约。其次，要结合自身实际，灵活制定相关政策、法律和法规，并确保其强制执行。此外，我们还需要，要加强相关的舆论宣传，通过正确舆论导向引导每一个主体的行为，从而为环境的净化和资源的可持续开发利用提供可能。

（三）健全绿色财务管理的评价体系

完善绿色财务管理的评价体系，需要把评价体系具体细化，同时增加新的评价指标，并加以量化。但是完善诸如环境改善带来的幸福指数、资源利用效率提高带来的经济效益等这些指标很难量化。而且，人类对绿色财务管理的认知还在不断深化，这也涉及到了绿色财务管理的评价体系的后续改进工作。

（四）政府引导，加强对绿色财务管理的执行和监督

政府间的合作共赢在绿色财务管理的推行上固然重要，但具体执行和监督涉及每个个体，包括每个人、每个企业、每个组织、每个国家等各个主体。因此，政府的引导非常重要。除了政策、法律、舆论先行之外，相关的奖励和惩罚措施也非常重要，具体而言，相关主体需要严格执行并监督这些措施的有效实施，以促进绿色财务管理的顺利推行。

第二节　财务管理信息化

企业财务管理信息系统是企业管理信息系统的核心组成部分。随着网络与通信技术的高速发展，特别是以目标成本管理和预算控制管理为核心的现代化财务管理系统的发展，简单的财务电算化管理信息系统已经不能满足企业对管理信息的要求。企业需要更健全、更完善的财务管理信息系统——个集会计核算、财务管理和经营管理为一体的财务管理信息系统。财务管理信息化需要由单纯的会计核算型向财务管理分析型以及企业的信息系统集成型转变，以便为企业生产、经营和管理提供信息集成和决策辅助功能。

一、企业财务管理信息化建设中存在的问题

随着组织规模的不断扩大，业务越来越复杂，企业财务管理工作需要不断地细化和深化，财务人员的工作量因而不断增加。大量的数据需要及时处理，财务信息的关联程度也越来越广，基于手工信息处理特点而设置的传统会计业务流程传递越来越暴露出不足，无法满足财务管理的需要。即便在已实现会计电算化的企业，企业的财务管理信息化也暴露出诸多问题，影响企业的管理，制约企业的发展。

（一）对财务管理信息化的核心地位认识不强

许多企业在信息化建设投入中缺乏明确的重点。部分企业对财务信息化建设的认识仍然停留在IT技术替代手工操作的层次上，认为实现会计电算化就是财务管理信息化的目标，对实现现代化管理的信息资源的需求了解不够，没有认识到财务管理信息化是企业管理信息化的核心，是实现管理现代化的重要保障。

（二）信息失真、信息不集成，难以为科学决策提供依据

现代企业管理最根本的是信息的管理，企业必须及时掌握真实准确的信息来控制物流、资金流。然而，当前我国相当多企业的信息严重不透明、不对称和不集成，没有做到数据的充分挖掘和利用，数据采集、处理口径不一。另外，由于应用的软件不够统一，没有统一的信息编码标准，造成信息的利用率和整合程度不高。

（三）传统会计流程存在缺失

在传统的会计体系结构中，会计数据以汇总的形式重复存储于信息系统，难以反映经济业务的真实面貌；而且所反映的信息往往滞后于业务信息，信息的滞后不仅影响了信息的质量，降低了它的相关性，甚至使企业无法从效益的角度对

生产经营活动进行实时监控。当 IT 技术在各个领域得到广泛应用时，许多组织的财务人员积极将 IT 技术应用于会计信息系统。然而，人们在传统财务会计体系结构的束缚下，并没有充分发挥 IT 技术的优势重新设计财务会计流程，只是简单模仿和照搬手工的流程。

（四）缺乏财务信息化管理的复合人才

现代企业都愈来愈重视人才的开发和培养，不仅拥有各类技术人员、生产经营方面的专家和研发人才，还拥有从事计算机控制方面的技术人才等。但基于中国的国情，很多企业的财务人才却很匮乏。许多国有企业或私营家族企业中，很多财务人员往往学历不高，缺乏信息化管理能力及思想，其财务管理能力和理念已经不能适应现代企业管理的需求。

（五）企业各级管理人员的认识不到位

在企业内部建立财务管理信息系统是一项重大的管理工程，涉及企业管理的理念、模式、资金运作方式、生产组织形式等诸多方面的变革。如此浩繁的工程，涉及方方面面，只有企业领导重视以及有关管理人员齐心协力，才能顺利进行。但有些企业的部分人员安于现状、缺乏创新精神，认为实现电算化就是财务管理信息化的目标。这种观念是错误的，需要进行更正。

二、信息化建设的重要意义

从管理角度来看，信息化建设在企业财务管理工作中具有重要的实践意义，主要表现在以下四个方面：

（一）信息化在财务管理工作中的应用大大提高了企业财务管理工作水平

特别是信息化的应用，把会计人员的双手从过去繁重的手工劳动中解放出来，会计人员只需掌握信息系统的一些简单操作方式，就可以对财务数据进行计算机录入，必要时还可以进行反复修改，及时进行会计核算，制作各种财务报表。毫无疑问，利用信息化系统完成这些工作，差错率小、可靠性高，提高了财务数据的准确性。

（二）信息化在财务管理中的应用可以有效控制企业成本

成本控制是企业财务管理工作的核心环节，也是企业实现最终盈利的根本保障。利用财务管理信息化建设的先进性，企业财务部门可以全程掌握生产经营中各项大额成本支出的申请、采购、库存和审批等过程，使生产经营中各项大额成本支出的申请、采购、库存和审批等过程在运行中留有痕迹，提高了企业对成本支出等费用的管控能力，降低了各项成本费用指标的超标可能。

（三）财务管理信息化建设使企业的资金管控更为严格

企业的日常经营管理活动是以预算管理为主线、以资金管控为核心而开展的，是以货币计量方式对企业经营活动的资金收支情况进行统计和记录的。其中，在企业项目资金的管理方面，企业是以资金使用的活动情况为核算对象的。如果构建了财务管理工作的信息化系统，企业就可以借助信息化系统对企业资金使用情况进行统筹和预测，降低企业采购与财务之间的往来频率，企业财务人员也能够利用信息化系统了解采购计划的相关信息，有针对性地制订出筹集资金和付款计划，提高工作效率，减少管理漏洞。

（四）财务管理信息化建设提升了企业财务信息传递与交流的时效性

改革开放初期，人们常常会听到这样的口号："时间就是金钱""效率就是生命"。其实，这两个命题的成立是都需要建立在信息的有效传递与交流的基础上。21世纪企业之间的竞争，当然也是信息的传递与交流之间的竞争。可以说，在财务管理中进行信息化建设，可以有效整合各部门之间的财务信息和数据，进而借助计算机网络进行汇总、分析、分流和反馈，极大地提高了企业财务信息传递与交流的时效性。

三、企业财务管理信息化建设的发展策略

（一）树立正确的财务管理信息化发展观念

企业财务管理信息化建设是企业实现财务管理现代化的重要前提，是一项以计算机应用技术、互联网应用技术、信息通信技术和"互联网+"技术为基础的复杂的系统工程。这一工程的顺利建设和竣工，需要企业各级领导、各个部门的通力合作、全面支持，不可能一蹴而就。因此，在财务管理信息化建设进程中，企业各级领导和各个部门必须树立正确的信息化发展理念，既不能忽视、漠视、无视财务管理信息化建设对于企业发展里程碑般的重要意义，不积极主动支持信息化建设工作，不积极主动解决信息化建设过程中遇到的问题；也不能操之过急，罔顾企业的技术条件和操作人员的专业化水平，仓促引进、盲目上马，造成财力、物力、人力等的浪费；更不能过分强调、放大财务管理信息化建设的功能，把信息化建设看成是可以解决一切财务问题的"万能钥匙"。在财务管理信息化建设进程中，企业各级领导和各个部门应本着实事求是、循序渐进的原则，在综合考量企业各方因素、条件的基础上，按部就班、有条不紊地实施信息化工程建设，这样才能为以后信息化建设在企业财务管理中发挥应有的作用，奠定良好的技术和

管理基础。

（二） 加强领导对财务管理信息化建设的重视

21世纪是信息化时代，是信息化建设大行其道的时代。信息化代表了先进的社会生产力，已经成为当今社会发展的大趋势。21世纪正在经历一场革命性的变化，世界范围内的信息技术革命将对人类社会变革的方向产生决定性的影响，将在全世界范围内建立起一个相互交融的全新的信息社会。所以，企业要完成财务管理信息化建设，企业领导首先要对财务管理信息化建设给予足够的重视，身先士卒、身体力行，结合企业的具体发展情况，根据财务管理工作的实际需要，切合实际地制定出具有企业特色的财务管理信息化建设规划。由于财务管理信息化建设资金需求量大，所以如果没有企业主管领导的"力挺"，信息化建设所需的大量资金是无法保证全部到位的。因此，企业领导对财务管理信息化建设的重视是信息化建设取得成功的关键。

（三） 加大对财务管理信息化建设的人才培养力度

财务管理信息化建设虽然已经被企业界广泛接受，并且也得到了应有的重视，但是客观地讲，企业中财务管理信息化方面的操作人员和管理人才还相当缺乏。

因为，虽然财务管理信息化建设已经具备了广泛的社会影响力，但是从其发展历程来看，与传统的财务管理方式相比，它仍然是新生事物，仍然处在摸着石头过河的探索阶段。财务管理信息化建设既然是新生事物，就必然需要大批的专业人士来熟练驾驭它，而从当前企业财务管理人员的整体结构来看，科班出身的人其实是凤毛麟角、少之又少的，高校里面接受过系统学习的专业人才尚未大面积奔赴社会，企业里面的自有人才又如"瞎子摸象"，对财务管理信息化建设只是一知半解。毫不讳言，企业财务管理信息化建设所需的专业人才正处于青黄不接的时期。目前所谓的操作系统、管理系统的专业人员，大多是"半路出家"，在"速成班"里经过短期的常识性培训就"光荣上岗"了，所以一旦财务管理信息化的操作系统或者是管理系统出现问题，靠企业自身的技术力是没有办法解决的，企业只能请"外援"指点迷津。仅从这一点来看，加大财务管理信息化建设的人才培养力度，对于企业财务管理信息化建设的顺利开展和实施是尤为重要的。

（四） 注重对财务管理信息化软硬件设施并重的建设

在世界范围内的信息技术革命的推动下，财务信息化已经成为一种必然趋势。在大的时代背景下，企业没有退路，也没有选择的余地，只有认识、接受、建设和发展信息化才是明智的抉择，才不会被信息技术进步的浪潮淘汰出市场格局。企业要强化信息化建设成果，就必须坚持软件设施建设与硬件设施建设并重的原则，绝不可厚此薄彼。硬件设施是信息化建设的先决条件，离开它，企业财务管理信息化建设就无从谈起；软件设施是信息化建设的灵魂，没有它，企业财务管理信息化建设就是一潭死水。只有把软件设施建设与硬件设施建设有机结合在一起，让两者同步前进、协同发展，企业财务管理信息化建设才能真正实现其建设的初衷，才能真正做到为企业发展助力加油。

第三节　财务管理与人工智能

当前，人工智能技术已经在我国得到了较快的发展，将人工智能技术与财务管理有机融合，能够实现先进高效的规划、预测、决策、预算、控制和分析等各种财务工作。人工智能在财务管理中的应用，可以将原本繁复的财务问题进行一一分解，变成若干个子问题，然后逐一解决并获得得到最终的解题答案。

一、人工智能技术给财会行业带来的机遇

（一）提高了财会信息的处理质量

无论是财会行业还是审计行业，都必须严格遵循真实性原则，然而我国财会行业并未将这一原则真正落实到位。这主要是因为实际处理财会信息和审计信息过程中，依旧沿用着传统的手工方式进行编制、调整和判断，致使舞弊与错误行为屡见不鲜。因此，为了提高财会信息的真实可靠性，应尽量减少人工处理财会信息的次数，进一步拓展人工智能，从而为财会信息处理的质量和效率提供有力保障证。

（二）促进财会人员有效地工作，节约人力成本

现阶段，我国已经出现了为小企业做账的专业公司，虽然公司领导者对会计记账法与借贷记账法掌握和了解得不是很透彻，但该公司研发的软件可利用电子技术对原始凭证进行扫描，自动生成符合各级政府部门要求的财务报表，这不仅减轻了财会人员的劳动强度，还有效保证了会计核算的实效性；审计部门利用开发的审计软件在提高审计工作效率的同时，还能在深入剖析财会报告的过程中及时发现审计问题，进而采取科学高效的审计手段解决审计问题。

（三）实施完善的风险预警机制，强化财会人员的风险意识

虽然已经有很多企业具备了风险危机意识，但在风险防范和风险发生过程中的决策能力不足。导致这种情况的根本原因在于企业缺乏一套切实可行、健全的风险预警机制，财会人员无法准确判断存在的风险，也不具备风险意识，所以，当遇到风险问题时往往显得手足无措。首先，由于企业内部资金项目具有繁复性特点，很难顺利地开展纵横向对比；其次，财会人员缺乏较高的信息处理综合能

力。因此，利用人工智能技术创建风险预警模型，通过各类真实可靠的财务数据对财务风险进行事先预警，不仅保障了企业资金的运营效率，而且还帮助企业及时找出不足之处，从而为企业创设和谐美好的发展环境。

（四）实现了更为专业的财会作业流程

当前，财政部已经将管理会计列入了会计改革与发展的重点方向。过去针对业务流程来确立会计职能的工作模式，不仅会造成会计信息核算的重复性，而且还会影响财务风险预警的有效运行。因此，随着人工智能技术的全面渗透，企业会对那些只懂得进行重复核算工作的财会人员进行精简，并聘用更多具备完善管理会计知识的财会人员，以促进自身的健康发展。

二、人工智能技术在财务管理中的应用

（一）财务管理专家系统

财务管理专家系统涉及财务管理知识、管理经验、管理技能，主要负责处理各类财务问题。为了减轻财务管理专家对财务管理过程的描述、分析、验证等工作的劳动强度，很多企业都将涉及管理技能、管理理念及管理环境的财务管理专家系统应用到财务管理工作中。

人工智能技术在财务管理专家系统中的应用，根据具体的财务管理内容将其划分为筹资管理专家系统（涉及资金管理）、投资管理专家系统、营运管理专家系统（涉及风险管理与危机管理）、分配管理专家系统。这些系统中又包括财务规划及预测、财务决策、财务预算、财务分析、财务控制几方面的子系统。

在对各系统进行优化整合后，财务管理专家系统的综合效用便体现出来了：提高了财务预测的精准度，强化了财务决策的科学性，实现了财务预算与实际的一致性，提高了财务控制效率，财务分析更加细致全面，同时也进一步拓展了财务管理的覆盖面。

财务决策子系统在整个系统中占据重要的地位，而它的顺利运行又依赖于其他子系统的支持。对这些子系统集成后，形成了智能化的财务决策支持系统。利用智能化的财务决策支持系统，可以有助于综合评估内部控制与资产分配情况，通过对投资期限、套期保值策略等进行深入分析，能使投资方案进一步优化和完善。

（二）智能财务管理信息共享系统

财务管理查询系统和操作系统是智能财务管理信息共享系统的主要构成部分。我们通过 Microsoft Visual Studio.NET 对财务管理查询系统进行部署，然后使用 IIS 服务进行相关发布。将 .NET 框架设置于发布平台上，该框架负责各个 .NET 程序

的运行。

为财务管理信息共享提供相应的体系结构，企业会向所有利益有关方传递真实可靠的关联财务信息。举个简单的例子，随着 B/S 模式体系结构的构建并适用，企业实现了成本的合理节约，促进了各财务信息的及时有效共享，提高了财务信息处理效率。

通过操作系统中的 IIS 来发布财务管理查询系统，企业内部各职能部门只需要进入 Web 浏览器就能及时访问，而企业外部本有关使用者只需要利用因特网就能对单位每一天的财务状况进行充分的了解。

随着智能财务管理信息共享系统的生成并被投入使用，财务管理工作变得更加完善、成熟，同时，在智能财务管理信息共享系统中利用接口技术吸收 ERP 财务信息包，实现了财务管理信息的透明化、公开化，突出了财务管理的即时性。

（三）人工神经网络模型

所谓的人工神经网络，指的是通过人工神经元、电子元件等诸多的处理单元对人脑神经系统的工作机理与结构进行抽象、模仿，由各种联结方式共同组成的网络。人工神经网络从范例学习、修改知识库以及推理结构的角度出发，拓展了人类的视野范围，并强化了人类的智能控制意识。

人工神经网络模型涉及很多神经元之间的结合，涵盖反馈网络和前馈网络两个部分。其中，反馈网络是由诸多神经元结合后生成的产物，将神经元的输出及时反馈到前一层或者同一层的神经元中，这时信号可正向传播与反向传播。由于前馈网络存在递阶分层结构，因此同一层中各神经元不可以相互连接，由输入层进入输出层的信号主要以单向传播方式为主，将上层神经元和下层神经元进行连接，但同一层神经元之间相互之间不能连接。

人工神经网络存在很多类型，比如 RBF 网络、BP 网络、ART 网络等。其中，RBF 神经网络现已在客户关系管理、住宅造价估算等领域中得到了有效应用；BP神经网络现已在战略财务管理、风险投资项目评价、固定资产投资预测、账单数据挖掘、纳税评估、物流需求预测等众多领域中得到了有效应用；ART 神经网络现已在财务诊断、财务信息质量控制、危机报警等领域中得到了高效的应用。

随着经济领域和管理领域对人工智能技术的广泛应用，越来越多的学者将研究重心放在了人工智能层面上在财务管理中，应用 BP 神经网络来预测财务状况取得了可喜的成果。因此，BP 神经网络成为现代人工智能应用研究的关键点，而成功的研究经验为财务管理的研究提供了重要依据。

综上所述，随着科学技术的快速发展，智能化的财务管理已成为必然，运用智能财务管理专家系统有助于提高财务管理水平及效率。未来，财务管理专家系统将逐步朝着智能化、人性化、即时化的方向发展，智能财务管理专家将会全权负责繁复的财务管理工作，使财务管理人员不再面临庞大的工作量。为了实现财务主体的持续发展，在"以人为本"理念的基础上，应推行科学化财务管理工作，确保财务主体良性循环发展的同时，为各利益有关者提供预期的效益。

第四节　区块链技术与财务审计

区块链可以针对交易创建一个分布式账目，使得所有交易的参与者都能存储一份相同的文件，并且可以对其进行实时访问和查看。这种做法对于资金支付业务来说，影响巨大，可以在确保安全性和时效性的基础上分享信息。区块链的概念对财务和审计有着深远的影响。随着财务会计的产生和发展，企业财务关系日益复杂。特别是工业革命兴起，手工作坊被工厂代替，需要核算成本并进行成本分析，财务管理目标从利润最大化发展到股东权益最大化。进入信息时代以来，互联网技术日益发展，企业交易日益网络化，产生了大量共享数据，人们开发了基于企业资源计划的会计电算化软件和基于客户关系的会计软件。传统企业进行业务交易时，为了保证客观可信，通过各种纸质会计凭证反映企业间经济关系真实性。在互联网时代，企业进行业务往来可以通过区块链系统实现两个节点数据共享，以云计算、大数据为代表的互联网前沿技术日益成熟，传统财务管理以成本、利润分析为中心的模式被基于区块链无中心财务分析模式替代。由此可见，区块链技术的应用对财务、审计发展的影响是极其深远的。

一、区块链的概念与特征

区块链就是一个基于网络的分布处理数据库。企业交易数据是分散存储于全球各地的，如何才能实现数据相互链接，这就需要以相互访问的信任作为基础。区块链技术通过基于物理的数据链路将分散在不同地方的数据联合起来，各区块数据相互调用其他区块数据并不需要一个作为中心的数据处理系统，它们可通过链路实现数据互链，削减现有信任成本，提高数据访问速率。区块链是互联网时代的一种分布式记账方式，其主要特征有以下几点：

（一）没有数据管理中心

区块链能将储存在全球范围内各个节点的数据通过数据链路互联，每个节点交易数据能遵循链路规则实现访问。该规则基于密码算法而不是管理中心发放访问信用，每笔交易数据由网络内用户互相审批，所以不需要一个第三方中介机构进行信任背书。对于任何一节点进行攻击，不能使其他链路受到影响。而在传统的中心化网络中，对一个中心节点实行有效攻击，即可破坏整个系统。

（二）无须中心认证

区块链通过链路规则，运用哈希算法，不需要传统权威机构的认证。每笔交易数据由网络内用户相互给予信用，随着网络节点数增加，系统的受攻击可能性呈几何级数下降。在区块链网络中，参与人不需要对任何人信任，只需两者间相互信任，随着节点增加，系统的安全性反而增加。

（三）无法确定重点攻击目标

由于区块链采取单向哈希算法，网络节点众多且没有中心，很难找到攻击靶子，不能入侵篡改区块链的内数据信息。一旦入侵并篡改了具体的区块链内数据信息，该节点就被其他节点排斥，从而保证数据安全性。此外，由于攻击节点太多，无从确定攻击目标。

（四）无须第三方支付

区块链技术产生后，各交易对象之间交易后，进行货款支付更安全，无须第三方支付就可实现交易，这样可以解决由第三方支付带来的双向支付成本，从而降低成本。

二、区块链对审计理论、实践的影响

（一）区块链技术对审计理论体系的影响

1.审计证据变化

区块链技术的出现，使传统的审计证据发生改变。审计证据通常包括会计业务文档，如会计凭证。区块链技术出现后，企业间交易在网上进行，相互间经济运行证据变成了非纸质数据。因此，审计对证据的核对则变成了由两个区块间通过数据链路实现数据跟踪的过程。

2.审计程序发生变化

传统审计程序从确定审计目标开始，通过制订计划、执行审计到发表审计意见结束。计算机互联网审计要求采用白箱法和黑箱法对计算机程序进行审计，以检验其运行可靠性，在执行审计阶段主要通过逆查法，从报表数据通过区块链技术跟踪到会计凭证，实现数据审计工作的客观性和准确性。

（二）区块链技术对审计实践的影响

1.提高审计工作效率、降低审计成本

计算机审计比传统手工审计效率高。区块链技术为计算机审计的客观性、完整性、永久性和不可更改性提供保证，保证审计具体目标的实现。区块链技术产生后，人们利用互联网大数据实施审计工作，大大提高了审计效率，解决了传统审计证据不能及时证实、不能满足公众对审计证据真实、准确要求的问题，满足了治理层了解真实可靠的会计信息，实现了对管理层有效监管的目的。在传统审计下，需要通过专门审计人员运用询问法对公司相关会计信息发询证函进行函证，因此需要耗费大量时间才能证实，审计时效性差。而计算机审计，尤其是区块链技术产生后，审计进入网络大数据时代。利用分布式数据技术能实现各区块间数据共享追踪，区块链技术则保障这种共享的安全性，其安全维护成本也较低。由于区块链没有管理数据中心，具有不可逆性和时间邮戳功能，审计人员和治理层、政府、行业监管机构都可以通过区块链及时追踪公司账本，从而保证审计结论的正确性。同时，计算机自动汇总计算，也保证审计工作的快速高效。

2.改变审计重要性认定

审计重要性是审计学中的重要概念。传统审计工作需要在审计计划中确定审计重要性指标作为评价依据审计人员通过对财务数据进行计算，确定各项财务指标，计算重要性比率和金额，然后通过手工审计发现会计业务中的错报，评价错报金额是否超过重要性金额，从而决定是否需要进一步审计。而在计算机审计条件下，审计工作可实现以账项为基础的详细审计，很少需要以重要性判断为基础的分析性审计技术。

3.内部控制的内容与方法也不同

传统审计更多采用以制度为基础的审计，更多运用概率统计技术进行抽样审计，从而解决审计效率与效益相矛盾的问题。区块链技术产生后，人们运用计算机审计，审计的效率与效果都提高了。然而，尽管区块链技术提高了计算机审计的安全性，但计算机审计风险仍存在。传统内部控制在计算机审计下仍然有必要，但其内容发生了变化。人们更重视计算机及网络安全维护，重视计算机操作人员岗位职责及岗位分工的管理与监督。内部控制评估方法也从事后调查和评估内部控制环境，视频监控设备进行实时监控以保证整个审计过程的安全性和合理性。

三、区块链技术对财务活动的影响

（一）对财务管理中价格和利率的影响

基于因特网的商品或劳务交易，其支付手段更多表现为数字化、虚拟化，网上商品信息传播公开、透明、无边界与死角。传统商品经济条件下的信息不对称没有了，商品价格更透明了。财务管理中运用的价格、利率等分析因素不同以前；边际贡献、成本习性也不同了。

（二）财务关系发生变化

财务关系就是企业资金运动过程中所表现的企业与企业之间的经济关系。区块链运用现代分布数据库技术、现代密码学技术、将企业与企业以及企业内部各部门联系起来，通过大协作，形成了比以往更复杂的财务关系。企业之间的资金运动不再需要以货币为媒介，传统企业支付是以货币进行，而现代企业支付是以电子货币，财务关系表现为大数据之间的关系，也可以说是区块链关系。这种关系减少了不少地方关系。

（三）提高财务工作效率

1.直接投资与融资更方便

传统财务中，筹资成本高，需中间人的参与。区块链技术产生后，互联网金融得到很大发展，在互联网初期，网上支付主要通过银行作为第三方进行。然而，区块链技术能够实现新型的点对点融资，使得人们通过互联网，下载一个区块链网络的客户端，就能实现交易结算，如投资理财、企业资金融通等服务，并且使交易结算、投资、融资的时间从几天、几周变为几分、几秒同时还能及时反馈投资红利的记录与支付效率，使这些环节更加透明、安全。

2.提高交易磋商的效率

传统商务磋商通过人员现场交流沟通，对商品交易价格、交易时间、交货方式等进行磋商，最后形成书面合同。而在互联网下，由于区块链技术能够保证网上沟通的真实、安全、有效，交易双方可以通过网上实时视频磋商，通过网络传送合同，通过区块链技术验证合同有效性，从而大大提高了财务业务的执行效率。

（四）对财务成本的影响

1.减少交易环节，节省交易成本

由于区块链技术的运用，电子商务交易能够实现点对点交易结算，交易数据可以与ERP财务软件协同工作，能实现电子商务交易数据和财务数据的及时更新，资金转移支付也不需通过银行等中介，解决了双向付费问题，尤其减少了跨境等业务中的许多佣金和手续费用。

2.降低了信息获取成本

互联网出现后，人们运用网络从事商务活动，开创了商业新模式。商家通过网络可以很轻松获得商品信息。比如，通过区块链技术，在大量网络数据中，运用区块链跟踪网络节点，监控一个个独立的业务活动，找到投资商，完成企业重组计划；也可以通过区块链技术为企业资金找到出路，获得更多投资收益。可见，区块链降低了财务信息获取成本。

3.降低信用维护成本

无数企业间财务数据在网络上运行，需要大量维护成本，为了减少协调成本和建立信任的成本，区块链技术建立了不基于中心的信用追踪机制，人们可以通过区块链网络检查企业交易记录、声誉得分以及其他社会经济因素可信性。交易方能够通过在线数据库查询企业的财务数据，以验证任意对手的身份，从而降低信用维护成本。

4.降低财务工作的工序作业成本

企业财务核算与监督有许多工序，每一工序都要花费一定成本。要做好企业财务工作，保证财务信息真实性，必须运用区块链技术，利用其无中心性减少财务作业的工序数量，节省每一工序时间，在安全、透明的环境下保证各项财务工作优质高效地完成，从而总体上节约工序成本。

第五节　网络环境下的财务管理

财务管理在企业中的重要地位众所周知，财务管理工作更要适应企业，才能充分发挥其作用，更好地推动企业的发展。随着互联网技术的飞速发展，传统的财务管理难以跟上企业发展的步伐，给企业带来了严重的影响。创新财务管理成为企业实现可持续发展的必然措施，促进财务管理工作可以更加适合企业的现代化发展。

一、网络环境下财务管理的优势

在财务管理中应用网络技术，有着诸多优势。首先，网络技术可以给财务管理提供更加精准的数据信息，方便数据的收集、整理和分析，不仅大大提高财务管理的质量和效率，避免或降低财务风险，还可以给企业的管理层提供客观、可靠、科学的决策信息，准确判断企业经营的现状，确定企业以后的经营方向。其次，网络技术的应用打破了地域、空间的限制，有效地实现了资源共享，既能够实现企业部门间的信息互通，还能够实现跨区域数据共享。企业可以及时获取运营数据，对企业的生产经营进行调整，实现财务与业务的协同管理模式，帮助企业在市场竞争中站稳脚跟，提高市场竞争力。

二、网络财务管理存在的主要问题

网络财务管理虽然有很多优势，但从目前情况分析，仍存在四个主要问题。

（一）网络财务管理的安全问题

网络财务管理虽然具有开放性优势，但也存在一些不容忽视的安全问题。例如，财务管理人员没有及时将有关信息存入磁盘、光盘，一旦计算机出现问题，财务信息就有可能遗失，影响档案资料的调阅和查找；财务人员删除或伪造财务信息，可以不留痕迹；电脑病毒频繁出现，计算机遭受恶意攻击，难以保证网络财务管理工作的顺利进行。

（二）网络财务管理的资料保管问题

1.财务档案保管不规范

财务档案是进行司法处理的有效证据，必须建立严格的保管制度。但当下的财务档案保管，有很多不符合要求的地方。一些部门除了建立综合档案室外，其内部职能科、股、室又分别设立了小档案室，造成部分档案资料无法集中保管，遗失严重。一些部门在进行财务交接时，没有将财务档案妥善保管，有的甚至任意销毁，导致资料调阅和查找十分困难。有的资料室借阅制度不够完善，财务档案存在随意查阅和借出的现象。

2.档案管理人员综合素质不高

一些部门对档案管理认识不足，投入力度不大，没有按要求配备专业的工作人员，而是由财务人员代管。这些财务人员，没有系统学习存档基本知识，整理的档案达不到规定标准。部分档案管理人员知识水平不高，文字表达能力和熟练运用现代化办公设备的能力不强，灵活处理实际问题的水平较弱。

（三）网络财务管理的审计取证问题

由于受传统财务管理的影响，审计人员习惯从账目中查找问题，凭证、账簿、报表成为审计取证的主要依据，审计线索十分清楚。在网络财务管理中，传统单据和纸质记录均已消失，各种财务信息都是以电子形式进行记录，肉眼无法辨别。如果被篡改或删除，几乎没有任何印迹，审计人员很难查找到其中的漏洞，从而加大了审计难度。此外，我国与审计取证相关的制度不够健全，审计系统软件开发不够完善，审计人员进行核查取证时，没有一个合理的衡量标准，审计收集的财务信息不够完善，从而增加了审计风险，不利于审计质量的有效提升。

（四）网络财务管理的技术人才问题

网络财务管理是网络技术和财务管理结合的产物，不仅需要财务人员熟悉财务知识、网络知识和金融法律知识，而且还需要掌握排除网络系统故障的方法，具备一定的创新能力。但是在实际工作中，低素质的会计人员仍然很多。有些无学历或低学历，有些不懂网络应用和财务软件的操作，有些不认真钻研业务、工作马马虎虎，这些人员都无法适应网络财务发展的需求。

三、实施网络财务管理的有效策略

（一）网络财务管理的安全策略

1.实行档案资料保密制度

财务人员在重要数据处理结束后，应及时清除存储器、联机磁带、磁盘程序，并及时销毁废弃的打印纸张。同时要定期查看财务档案的安全保存期限，并及时进行复制。

2.实行财务管理人员保密制度

网络财务管理人员，要签订管理责任状，做出相应承诺，保证在职期间和离职后不违反规章制度，泄漏财务机密。

3.实行技术监控制度

建立安全的网络财务系统，是网络财务管理顺利进行的根本保证。对财务信息的输入、输出和网络系统的维护，都要严格遵守操作章程，杜绝安全事故发生。要利用加密技术，解决密钥分发的问题；采取防火墙技术，对外部访问实行分层认证；利用数字签名技术和访问限制技术，防止会计系统遭受非法操作或人为破坏。

4.实行法律保障制度

要吸收和借鉴国外成功经验，探索并制定网络财务管理制度和准则，规范网上交易行为。要对违反管理规定的不法分子进行有力打击，为网络财务管理营造安全的外部环境。

（二）网络财务管理的资料保管策略

1.严格建立造册登记制度

财会人员每月记账完毕后，应将本月所有记账凭证进行整理，检查有没有缺失、附件是否齐全；然后把每张凭证编上序号，加上封面和封底，按编号的先后顺序将凭证装订成册，贴上标签进行封存。财会人员要在装订成册的凭证封面上详细填写单位全称和会计凭证名称，同时加盖单位主要负责人和财务管理人员印章。

2.严格建立资料查询制度

根据《中华人民共和国会计法》《财务从业人员管理条例》规定，对已经存档的会计资料，本单位人员需要查阅的，必须经过有关领导同意。查阅时，做到不拆封原卷册，不将原始凭证借出。外单位人员未经过本单位主要领导批示，不能查阅原始凭证，不能复制原始凭证，更不得擅自将原始凭证带离现场。

3.严格建立保管和销毁制度

会计档案的保管和销毁，必须严格按照会计档案管理规章制度执行，任何人不得随意销毁财务档案。保管期满的财务档案，如果需要销毁，必须列出清单，按照规定经过批准后，才能销毁。

4.严格建立信息备份和系统升级制度

财务管理人员在日常工作中要严格建立信息备份制度，及时将财务信息输入U盘和磁盘中，便于日后查询和系统恢复需要，以免造成不必要的损失。

（三）网络财务管理的审计取证策略

网络财务审计，是传统审计的一大飞跃，应该采取多种措施提高取证质量。一是要开发审计系统。要研制出能从被审计部门准确有效地获取各种数据信息的系统软件，建立信息库，录入被审部门的有关信息，便于核查取证时查阅，提高数据信息质量。二是要规范审计程序。审计人员审计前要根据工作要求，准备相关材料，避免审计时出现不必要的偏差。审计结束后要仔细整理相关材料，使审计取证工作走向有序化、规范化。三是要严守职业道德。审计人员要加强学习，严格约束自己的言行，公平对待每个被审计部门，实行依法审计。

（四）网络财务管理的技术人才策略

1.加强培训力度，提高员工素质

优秀的复合型人才是实施网络财务管理的根本保证。第一，要具备良好的专业素质。拥有丰富的文化知识和财务知识，能熟练进行网络系统的操作和维护。第二，要具备良好的心理素质。要保持积极向上的精神状态，在成绩面前保持谦虚谨慎的态度，面对挫折和失败有较强的心理承受能力。第三，要具备良好的交际能力、应变能力、观察能力。善于与外界打交道，面对困难能冷静思考、认真分析、妥善处理。

2.完善激励机制，激发工作潜能

激励人才需要以公平合理的绩效考核为根本，根据每个人的特长和爱好科学设置工作岗位，建立灵活的人才内部流通机制。激励既包括技能比试方面的，如网络知识答辩、计算机操作、会计业务信息化处理等，也包括物质和精神方面的，如加薪、提供住房、外出考察、授予荣誉称号、休假、参与决策等。要营造一个公平、公正、公开的竞争环境，形成你追我赶、不甘落后的良好氛围，激发财务管理人员的工作潜能和工作热情，从而更好地完成目标任务。

第六节　企业税收筹划的财务管理

在现代企业的经营管理系统中，合理地开展税收筹划工作将对企业的财务管理产生十分积极的影响，甚至将影响到企业的整体经营策略。因此，企业应当努力理清自身在税收筹划与财务管理上的相关性关系，帮助企业降低经营过程中的税负成本，促使财务管理工作更加高效，并最终为企业实现经济效益最大化而打下坚实的基础。

一、企业税收筹划与财务管理相关性特点

（一）目标上的相关性

从根本上来看，税收筹划的目标是被企业的财务管理目标左右和决定的，两者的最终方向都是通过降低企业财务风险的方式来保证企业经济利益达到最大化。从这一点看，税收筹划某种程度上可以被看作是财务管理的一部分。这就决定了企业决策者在选择税收筹划方案时，要确保其能够在法律范围内收获最高的企业利润，从而使企业的财务管理工作达到最优化。同时，税收筹划的制定及运用的好坏程度，也能够在一定程度上反映出企业财务管理的质量如何。

（二）对象上的相关性

企业资金的循环周转情况属于财务管理的范围之内，而企业的应交纳税收资金额则属于税收筹划的范畴，从管理对象上来看，两者有着很强的相关性。税收筹划的管理对象是企业的应缴纳税收资金，通过各种手段来降低企业税负。而财务管理的对象则是企业的所有资产，其需要保证企业的现金流始终处于周转中，以此来提升企业资金的利用率，从而保障企业经济利益。税收筹划的质量，将对财务管理的质量产生直接的影响。

（三）职能上的相关性

在职能上，税收筹划主要体现在降低企业的应纳税额，而财务管理则主要体现在财务人员对公司资产的决策、计划和控制方面。财务决策包括了决策者、决策对象、决策信息、决策理论和方法等多个方面。而税收策划作为财务决策的一项重要内容，两者之间既相互影响又相互促进。特别是在筹资、投资和日常经营的过程中，税收筹划都能对财务管理产生影响。同时，财务管理的相关技术也可以在税收筹划中得到应用，以帮助其更好地开展工作。

财务管理作为现代企业管理系统价值管理体系的重要组成部分起着重要作用。税收筹划已经渗透到企业市场的各种商业活动领域，对于企业市场决策制定具有重要意义。在新的时代，企业税收筹划和财务管理之间密切的相互关系使企业能够认识到税收筹划的必要性。

二、企业税收筹划和财务管理之间的相关性分析

（一）税收筹划与财务管理之间是有层次的，一层一层递进

从市场经济学的角度来看，税收筹划隶属于财务管理活动和计划活动。从税收筹划规划的目的来看，税收筹划应该属于财务类别，与企业的经济活动密切相关。

科学合理的财务筹划和以公司财务管理目标为核心的税务筹划活动，将有助于实现财务管理目标，通过设计、选择和实施财务计划，管理目标就可以实现，经济利益就可以提高。公司的财务价值管理有一定的目标，税收筹划的目标是公司的财务管理，这就形成了一定的层次性，也就是说，税收筹划分层次和多元化的规划目标必须与财务管理目标保持一致。利益最大化是公司价值的最终目标。商业决策者在进行税务筹划时，必须注意到税务规划的目标应该与企业财务目标保持一致，税收计划是基于企业的财务管理目标来实现的。从更科学的观点来看，税收筹划是一个多元化的目标系统，当公司有不同的发展目标时，税务筹划目标将相应改变。因此，有必要对企业税收进行计划，怎么做能够减少税务风险、实现企业商业价值最大化，这是相关人员应该重视的问题。

（二）税收筹划和财务管理是一个统一的整体

税收筹划是企业财务决策的重要组成部分，也是企业进行财务决策的重要参考因素。税收筹划更容易收集更有效的税务信息和原则，便于决策者收集税务信息并做出财务管理决策。税收筹划起着财务指导和管理作用，同时又是财务计划的组成部分，但反过来又为财务目标服务，共同成为一个有机的整体。因此，税收筹划不能与公司财务分开控制。财务控制是实施税收筹划的目标和方案，为了确保计划的顺利实施，在执行计划时要监督税务支出，控制税收成本，根据实际情况来反馈税收筹划方案的实施情况并进行相应的评估，以改进后续的决策。

（三）税收筹划和财务管理之间存在内在关联

企业经营活动中的税收筹划与企业财务管理在内容方面有很高的相关性。根据税收规划，由于税法中不同融资方式的成本计算方法不同，会对实际的税收收入产生重要影响，直接影响公司的实际税收。因此，公司要继续以税收征管为引导，优化融资结构，完善融资理念，积极实施税收筹划。为了最大限度地获得企业的效益，公司必须全面考虑市场中的各种因素，特别是重点抓好投资方式和具体投资地点。通过实施税收筹划，可以更好地优化投资选择并且提高公司的经济效益。另外，税收政策不仅影响利润分配，还会限制累积收益。因此，企业的利润分配也需要税收筹划。总而言之，税务筹划问题贯穿于公司财务管理活动的各

个组成部分，它被整合于财务管理的各个方面，与企业财务管理的内容密切相关。

（四）税收筹划还能与财务管理相融合

对于企业财务的管理，税务筹划工作可以发挥出系统性和综合性的作用。这是一项很强的、系统的、技术性的工作。结合财务管理，税务筹划可以实现企业各项财务管理指标。由于企业税务和财务管理有着千丝万缕的联系，税收筹划应纳入财务管理的各个方面，以在更大程度上促进公司的长期发展。公司税务筹划和财务管理活动客观地整合和互动，相互融合为一个整体，尤其是实施税收计划时对公司的财务管理有直接影响。除了客观反映公司的财务管理情况和管理水平之外，税务计划还可以改善公司的利润增长和财务管理，但这也使得实施具体的期权计划和税收筹划成为可能。同时为了加强税收管理，不断引进先进的人才，完善管理制度，不断提高财务管理人员的素质，为实施企业税制提供有力保障。

三、企业财务管理理念对于税收筹划的具体应用分析

（一）货币时间的价值性和延后纳税

货币价值在企业生产活动中具有一定的时效性，换句话说，在资金轮换期间，货币价值会上涨。这样，当一家公司进行财务管理时，它可以使用货币的时间价值性来提高管理决策的准确性，并使用时间价值在初始纳税时支付少量税款，在纳税后期缴纳更多税款，从而相对减轻公司的税负，这就是"延迟纳税"。延迟纳税主要反映在企业固定资产折旧方法和存货的估值方法上。具体方式就是，企业可以按照金融体系的有关规定使用平均寿命方法进行折旧，并采用比例税率方式，提前支付企业所得税，这样折旧费用就会增加，货币价值也就高了。延迟纳税要求公司在法定税收期结束时实际缴纳税款。因此，在税法规定的范围内，使用加速折旧法可以使企业升值固定资产，相对减轻企业的税负。

（二）运用于税收筹划的成本效益分析

在进行税收筹划时，公司也承担一定的风险。在获得税收的同时，可能还需要支付一定数量的计划成本。具体来说，税收筹划成本通常包括三个方面：直接成本、机会成本和风险成本。直接成本是指纳税人为节省税收而发生的人力、物力和财力支出；机会成本是指企业在采用税收筹划计划时放弃其他计划来争取最大收益；风险成本是指由于计划错误而导致的经济损失。当公司计划税收时，他们必须选择具体的计划，并且只有在保证成本效益的前提下才能取得更好的结果。如果税收计划成本低于预期收益，那么这个计划是可行的，否则会使公司遭受经济损失。

综上所述，根据一个企业的税收制度与财务影响之间的关系，财务规划是结

合公司的税务情况进行的，税收的战略作用影响到了企业的财务计划。因此，企业有必要充分考虑现实的金融环境，使用税务规划工具有效分配企业资源，制定企业发展战略，并通过这个战略，为公司提供更可靠的市场决策，力争让公司通过合理避税来获得最大的经济利益，进而提高公司的市场竞争力。

第三章　新形势下事业单位政府会计制度与权责发生制

当前，市场经济的快速发展，促进了行政事业单位财务管理体系的发展，使之变得更加完善。过去的收付实现制度已经不能满足现代经济发展对会计信息质量的需求。要确保会计信息质量，有效体现政府各方面的会计信息，促进现代财政制度建设，就要在行政事业单位中有效运用权责发生制。本章重点围绕政府会计制度、权责发生制改革的必要性与可行性、权责发生制改革构思与实施措施、权责发生制在事业单位会计核算中的运用进行论述。

第一节　政府会计制度分析

一、政府会计制度改革的必要性

目前，我国现行政府会计制度体系中统一性的法规是《中华人民共和国会计法》和《中华人民共和国预算法》。具体的会计制度主要包括财政总预算会计制度、行政单位会计制度与事业单位会计制度等，以及医院、基层医疗卫生机构、高等学校、中小学校、科学事业单位等特殊行业的事业单位会计制度和有关基金会计制度等。

以收付实现制为主的会计核算体系，可以说是我国政府会计工作领域的基本核算基础。收付实现制在我国财务管理体系中发挥了至关重要的作用，构成了财政体系的核算基础。收付实现制能够完整反映政府部门的预算收支执行情况，能够为决算报告提供数据支持，为政府财政资金的合理合规使用和政府职能的有效运行发挥着关键性的作用。不过，随着我国国情的变化，经济的高速发展，政府部门职能的改变和政府部门机构改革的需求，仅仅以收付实现制为基础的政府会计核算制度已经远远满足不了日渐繁杂的政府会计经济事务。目前，修订后的事业单位会计准则和会计制度要求事业单位对固定资产计提折旧、无形资产进行摊销，但是计提折旧、摊销后都是"虚提"，折旧费、摊销费用都是计入基金项目，并不是直接计入成本，所以不能真实反映行政事业单位的成本费用的实际状况，这就违背了会计核算中的收入与成本匹配的原则。成本费用核算得不准确就会影响政府资产负债的真实情况的呈现。除此之外，还会影响政府的实际运行成本情况、科学评价政府绩效等方面的反映，难以满足编制权责发生制政府综合财务报告的信息需求。因此，在新的形势下，现行政府会计规则和会计制度的改革势在必行。

当旧的制度和准则不能适应层出不穷的新需求与新问题的时候，《政府会计准则——基本准则》的制定与发布就成为政府会计体系变革的必然要求，这也将是政府会计工作准则的一个新突破和新发展。政府与社会各界对会计基本准则进行了广泛的讨论和调研，而四项具体准则和政府会计制度（征求意见稿）的发布，为政府会计改革的具体实施提供了行动的指南。

二、政府会计准则与会计制度的创新性

（一）财务会计与预算会计的统一性

政府会计准则和政府会计制度打破了政府部门的性质差异，不再对行政和事业单位进行区分，而将行政事业财务规则与行政事业单位会计制度进行了统一，基本实现了会计科目统一、核算内容和报表统一，这为各级政府财政部门编制权责发生制与政府综合财务报告，和各部门、各单位编制财务报告及进行成本核算打好了坚实的会计核算基础，有利于不同行业、不同背景的政府部门之间进行对比。

（二）财务会计与预算会计核算"二元化"

政府会计准则和政府会计制度中"二元化"特征最为鲜明。为了发挥政府预算会计与财务会计核算的双重功能，在核算基础上，预算会计采用收付实现制，财务会计采用权责发生制。而会计要素则体现了"二元结构"，创新性地引入了"八要素"会计核算思路。目前，可将会计要素分为两大类：一类是预算收支表会计要素，以收付实现制为主要核算基础的会计科目，应准确完整反映政府预算收入、预算支出和结转结余等预算执行信息；另一类是资产负债表会计要素，以权责发生制为主要核算基础的会计科目，应全面准确反映政府的资产、负债、净资产、收入、费用等政府主体的财务信息。

（三）政府预算会计与财务会计具有互补性

政府预算会计和财务会计适度分离又相互衔接，这是政府会计准则的突出特

点。所谓适度分离，是指在实现预算会计和财务会计双重功能的同时，又可以提供决算报告和财务报告，能够全面反映政府部门的预算信息和财务信息。所谓相互衔接，是指在同一会计核算体系中，预算会计要素和财务要素相互协调，决算报告和财务报告相互补充，预算信息和财务信息同时提供政府部门的真实情况。二者既各司其职又是统一的有机整体，而不同的核算方向又提供完整的政府主体的财务信息和报告。

三、政府会计改革对行政事业单位的影响

（一）有利于行政事业单位加强自身的资产和负债管理

通过推行政府会计改革，在政府会计准则和政府会计制度下，能够反映行政事业单位真实的资产和负债情况以及预算执行情况，促使行政事业单位完善自身的制度管理，严格落实与国有资产管理有关的规定，打好资产管理的基础，提高国有资产管理的效果，实现资产和资源的合理配置，从而防范和化解财务风险。

（二）有利于行政事业单位建立科学的绩效评价机制

政府会计准则要求政府主体应按照权责发生制原则进行核算，并按照"实提"的原则计提固定资产折旧费用、无形资产的摊销费用等。同时应按照要求编制收入费用表，这样才能合理反映单位运行成本，提供高质量的会计信息，并且建立有效的预算绩效考评制度，从而提升单位的绩效管理水平与政府部门的服务能力。

（三）有利于行政事业单位廉政建设

政府会计准则和会计制度要求行政事业单位不仅仅提供决算报告，而且还要提供包括资产负债表、收入费用表和现金流量表等在内的财务报告，全面反映单位的预算执行情况、财务状况、运行情况和现金流量等。政府部门财务报告的信息使用对象，不仅有上级单位和主管部门，而且还有广大的民众。

第二节　权责发生制改革的必要性与可行性

一、权责发生制改革的必要性

所有的制度改革都会有一些驱动因素，我国政府会计制度改革中自然也有这样一些驱动因素。这些驱动因素主要是为满足政府对较高的会计质量的需求。这些需求具体可以从以下几方面来分析。

第一，我国行政管理成本膨胀导致的财政压力促使政府会计透明化的需求。在控制行政成本方面，需要重视政府财务状况的全面披露。以权责发生制、成本

核算体系与全面财务报告披露为特征的新型政府会计体系，将有助于提高财政信息的透明度，提高绩效管理水平，并对行政支出成本具有监督和控制作用。

第二，进一步推动我国新公共管理体制改革的需要。在新公共管理体制改革浪潮下，世界各国与国际组织对各国政府会计的要求，对我国权责发生制政府会计制度改革发挥了推动作用。新公共管理体制改革转变了传统政府管理理念，由原来的管理型政府逐步向服务型、绩效型政府转变。而建立健全绩效评价管理体系，就需要有一套完整的会计管理体系作为依托，以提供有效的财务信息。于是，逐步推进权责发生制改革就成为健全政府绩效评价体系、转变政府职能的有效途径。公共资源市场化推进，则让一些私人部门进入了公共管理领域，政府将部门公共产品与服务外包给私人部门的情况越来越普遍。随着与私人部门的合作逐渐增多，对政府提供会计信息的可靠性和透明度的要求更高。

第三，审计机构、纳税人、决策者等信息使用者，对政府财务信息的要求进一步提高。随着我国公民意识逐步提高，社会公众对政府财务状况和资金使用情况公开化要求越来越强烈，建立高效廉洁的服务型政府的呼声日益高涨，为了满足这些要求建立完善的会计体系是十分必要的，这样能够让公众对政府在公共服务成本、效率和成果方面的表现有更好的评价。政治经济体制改革的逐步扩大也促使审计机构的审计目标从财政预算收支合规性向绩效审计转变。绩效审计要求政府提供更加准确、全面的财务信息，而权责发生制政府会计改革则有利于政府为社会各界提供高质量的财务信息。

政府职能角色的转变使得政府财务信息成为其管理决策的依据。在收付实现制下，会计信息仅仅核算财政收支情况，难以覆盖所有的会计要素。而权责发生制则可以为决策者提供有用的数据，核算公共产品和服务的成本和费用，从而有利于财政资金使用效率的评价分析，增强管理者对产出和结果的责任感。

二、权责发生制改革的可行性

近年来，根据市场经济发展的要求，我国在预算管理制度方面进行了改革，以适应不断变化的市场环境和社会需求。这些改革措施主要包括在预算编制方面实行部门预算编制和逐步推行零基预算，以及在预算支出管理方面实行国库集中支付制度和政府采购制度。这些改革措施能够很好地为权责发生制改革奠定基础。

在预算编制方面，部门预算基本上细化到了基层预算单位，对预算科目细化到了类、款、项、目，同时对项目支出细化到了具体事项，从部门分类、功能分类、经济分类等多个维度对预算进行编制，以全面反映部门人员支出、公用支出、项目支出等详细情况，达到从预算层面强化对资金约束的目的。与以往的预算编制相比较，现行部门预算制度能够清晰地归集部门所有收支项目，提高部门预算编制的完整性、准确性和规范性，从而提高预算编制的公开透明度。

在支出管理方面，国库集中支付加强了财政预算的准确执行。过去，财政将资金直接拨入预算单位银行账号，而单位是否按既定的预算执行，执行进度如何，只能在事后进行检查和监督。国库集中支付实施后，部门每一笔支出都在相应预算指标的控制之下，有效提高了部门在资金使用上的准确性和规范性，有效防止项目资金被随意挤占、挪用和截留的情况发生，从而为政府部门使用权责发生制进行核算奠定基础。

随着我国国库集中支付制度和财政一体化的推广，政府会计的信息化水平不断提高。由于权责发生制改革将对我国的会计信息化水平提出较高的要求，我国在预算编制、预算执行上采用了信息化流程，能够为权责发生制改革提供高效的数据信息。目前，我国政府已经具备了应用权责发生制的条件，将该体系逐步引入我国政府会计制度中可以说是切实可行的。

第三节　权责发生制改革构思及实施措施

一、权责发生制改革构思

（一）权责发生制改革的前提

权责发生制改革要在以下这些前提下进行。

第一，改革要以法律保障为前提。目前，我国的政府会计法律法规还处于相对落后的地位，必须尽快修订新的法律法规，以满足权责发生制改革的需求。这其中主要包括对修订会计、审计法律法规，制定权责发生制会计准则，详细规定适用权责发生制的具体事项及资产、负债的处理规定，以及制定政府绩效考评制度、政务信息公开制度等相应的配套制度。

第二，建立与权责发生制相适应的计算机信息系统。权责发生制改革在政府会计中信息量变大，操作更为复杂，需要有配套的信息处理系统来作为支撑。在权责发生制改革中，二元化体系对于新型计算机和软件系统的要求比较高。近年来，随着我国"金财工程"和"一体化"建设的推进，预算信息管理和财务信息的管理水平有了明显的提高。不过，这些系统均是以收付实现制为基础设计的。因此，要想适应权责发生制改革，就需要有一套更为完备全面的信息技术系统做支撑。

第三，加强对会计人员的培训。相对于权责发生制，收付实现制操作更为简单，易于理解，核算成本低，对于政府会计人员的业务水平要求较低。政府部门会计从业人员不需要经过太多培训就可以进行操作。然后，在改革后，由于所运用的权责发生制会计原理相对复杂，对会计人员的素质也提出了更高的要求，需要对原有的会计人员进行培训。由于改革后的成本核算和绩效核算方面需要会计人员具有一定的判断能力，这就需要会计人员对政策和制度进行深入的理解。因此，在改革过程中，我国需要做好政府会计培训工作，提高政府会计人员的素质，改变当前政府会计从业人员素质参差不齐的情况。

第四，加强宣传工作。加强对政府官员、公众的宣传，使社会上各类政府财务信息使用者充分理解和认同权责发生制改革的目的和意义。此外，对各阶层的政府职员进行培训，并在培训中进行意见交流和反馈，使他们逐渐树立在改革中承担责任的观念。有些管理人员对会计方面的一些问题不太感兴趣，通过预算和个人绩效的桥梁作用，可以提高他们对改革的关注程度。通常，当管理人员意识到权责发生制改革有可能影响到部门的资金水平或者是个人乃至单位的工作绩效时，他们对改革的关注程度也会随之升高。

（二）政府会计目标的定位

政府会计目标是政府会计理论的逻辑起点，是政府会计系统提供信息所要达到的目的，即政府会计是为哪些人提供怎样的会计信息，以及满足会计报表使用者的哪些需求。

政府组织作为社会经济体系的一部分，需要运用和消耗社会资源来实现自己的目标。政府资源主要包括税收收入、投资收入等。不论资源来源的渠道如何，其所有权应该归属于社会公众、投资者和债权人。社会向政府提供财政资源，立法机构授权政府管理和使用这些财政资源，政府受托管理并有权使用这些公共资源，因此，政府就有义务向社会公众报告管理这些资源及其有关的规划、控制、财务等情况。因此，从公共受托责任观来看，政府会计信息的使用者应该是这些资源的所有者、投资者、债权人以及各种监督机构。包括：社会公众、投资者、债权人、立法机构、政府部门、审计部门、评估机构、其他政府、国际性机构和资源提供者等。

尽管信息使用者对各种信息的偏好程度不同，但是使用者群体之间对会计信息的需求仍然有许多共同之处。会计信息目标主要分为九类：①评价收入的来源、类型以及资源的分配和使用；②评估收入是否足以弥补营运成本的程度；③评估政府资源的使用是否符合法定预算和其相关法律法规的要求；④评估政府和公立单位主体的总体财务状况和财务业绩；⑤评估政府或者对资源监管和维护的履行情况；⑥向公众提供代表纳税人利益的资产信息等情况；⑦评估政府对长短期债券的偿还能力；⑧评估政府对经济的影响能力；⑨预测现金流量和未来现金的调度和数量以及借款需求。

（三）会计信息质量的提升

权责发生制改革能够在会计信息质量方面得到提升，这需要从会计信息质量的角度来加以探。美国财务会计准则委员会（FASB）和国际会计准则委员会（IASC）在对会计信息质量特征进行研究后，将其归纳为相关性、可靠性、可比性、可理解性以及约束条件即成本效益原则。根据我国的实际情况，我国会计准则对会计信息质量提出了要求，并且按重要程度依次分为可靠性、相关性、可理解性、可比性、一致性等。由于我国有些企业会计信息上在上市公司财务报告信息严重失真的现象，所以我国的会计准则将会计信息质量的可靠性排在了第一位，这符合我国的实际情况。在政府会计领域中，过去采用的收付实现制所提供的会计信息质量不高，已经不能满足会计信息使用者的要求。权责发生制的应用能够明显提高会计信息的质量，具体需要着重关注以下几方面的特性。

第一，相关性。相关性这一会计信息质量特征包含了会计信息的及时性、重要性和完整性。相关性要求单位能够提供与信息使用者进行监督和决策有关的信息，这样的信息必须是及时的、重要的而且是完整的。在应计制确认基础上，单位能够对资产、负债进行更完整全面的反映，也能将应收应付款项纳入核算范围，从而使会计信息更加完整。对所提供的会计信息，我们要求是及时的，因为会计信息具有时效性，有些信息过了时效就失去了原有的价值。而重要性的改进主要反映在财务报告上。权责发生制改革后，我们希望所提供的信息能够更加满足使用者的需求。对于一些有不确定性的经济事项且可能造成重大影响的，希望在改革后可以在财务报告中进行表外呈现。

第二，可靠性。可靠性要求单位所提供的会计信息要真实反映单位的经济活动。单位会计信息应既不倾向于某些预设的目标，又不刻意迎合某一类型的会计信息使用者，公正客观，不偏不倚地如实反映经济业务。在提高会计信息的可靠性方面，应计制比现金制有更高的优势。应计制主要是根据实际已经发生的经济业务来确认收入或支出，这更能反映出经济业务的本质。而现金制主要根据单位是否收到或支出现金来确认收入或支出，更注重形式上的收入与支出。因此，应计制比现金制更加真实可靠。在引入权责发生制后，由于涉及收入和支出的确认，在确认流程上比现金制更为复杂，主观性更强。因此，需要有完善的会计制度等细则，来对权责发生制收入和支出的确认时点做出明确的规定。只有在制度完善的前提下才能对会计处理进行规范，并且反映出会计信息合法合规、忠实可靠的本质。

第三，可比性。会计信息使用者分析会计信息最常用的方法就是数据对比法。

对比内容包括同一报告不同项目的对比、同一单位不同会计期间的对比，不同单位同一会计期间的对比等。在政府会计中，有一部分带有经营性质的事业单位已经实行企业化管理，如医院，这样的单位已经率先实行了权责发生制会计确认基础。因此，对政府会计全面推行权责发生制的改革有利于提高会计信息的可比性，包括与自收自支的事业单位，与企业进行对比。不过，在会计制度发生变更时，为了不影响会计信息的可比性，应该在会计报表附注中说明变更的原因和影响，并且要列示前期的相关信息。

第四，可理解性。在会计理论中，一般将会计信息的使用者假设为具有财务知识基础的人群，他们愿意花费时间去研究相关的会计信息，以对其进行深入的理解。我国企业会计以应计制为会计核算基础，无论是公众、媒体还是其他会计信息使用者，经常接触的会计信息都是以应计制作为核算基础的，因此都比较熟悉，也更易理解应计制。政府会向社会披露会计信息，以达到会计信息透明化目的，这已经是大势所趋。而在向社会披露信息时，使用应计制将更能被社会公众所接受与理解。

（四）政府会计体系的构建

我国财政总预算会计以收付实现制为基础，以预算管理为核心，重在反映预算收支情况，无法反映政府整体运营成果和财务状况。而行政单位与事业单位会计又会对部分资产和负债进行核算，并不是完全意义上的现金制。就拿固定资产的购置来说，它既反映了支出增加（预算会计），又同时反映了资产增加（财务会计）。由此可见，我国现行的政府会计是预算会计和财务会计的混合体。这样的政府会计模式既无法发挥预算会计的功能，也无法实现财务会计的目标。

在这样的混合会计体系中，如果强行推行权责发生制，必然会干扰和削弱预算会计的核算功能。最典型是案例是，在跨期间之际，应付款项在权责发生制中已经计入支出，但是实际上资金并未流出，这样的会计信息会造成预算资金补充期间的混乱。再比如，在固定资产计提折旧的处理上，权责发生制在购入固定资产时将其费用资本化，待计提折旧时再分期摊入费用，而这部分折旧费用并不是财务资源的实际耗费，也无须再补充预算资金。因此，在现行政府会计体系下不能强行引入权责发生制。

新的政府会计体系既要满足预算管理的需求，又要实现财务管理的目标，这就需要将预算会计从政府财务会计中分离出来，建立预算会计与财务会计的"二元体系"，形成新的政府会计模式。预算会计的主要目标是提供预算资金的收入、分配和执行情况的信息，政府资金取得与使用的合法合规性。收付实现制则能够满足核算财政资金收支的需求，并且能有效控制资金使用情况，因此预算会计应该遵循收付实现制的核算基础，与预算编制保持一样口径。而在财务管理方面，财务会计以提供全面、真实的财务状况为目标，帮助信息使用者评价政府的服务成本和效果，提供与实物和非财务资源相关的信息。这就要求政府财务会计以权责发生制为确认基础，以满足实现财务管理目标的需求。

（五）政府财务报告的分析

财务报告为信息使用者提供所需要的信息，是实现会计目标的载体。世界上许多国家都通过政府财务报告向立法机构和社会公众提供政府财务信息。随着会计确认基础的转变，财务报告体系也应该随之转变。由于我国尚未实行政府财务报告制度，对外披露财务信息的制度还存在不足。所以目前我国正积极推动政府财政预决算报告制度，以对财政预算执行情况、财政收支情况和预算草案进行报告。

是的，财务报告是为一定范围内的外部使用者编制的，大多数的信息使用者获取信息的渠道非常有限，因此非常依赖政府财务报告所提供的信息。对于一些难以量化、无法纳入财务报表的信息，可以将其作为附加信息在财务报告附注中加以披露，如总体经济状况和政治环境报告等。

随着企业会计制度的不断改革，我国的企业会计制度已经慢慢进入较为成熟的阶段，能够实现与国际会计制度的顺利接轨。因此，我国政府会计财务报告体系可以适当借鉴企业会计财务报告体系的结构。一般来说，财务报告体系包含：财务报表、财务报表附注和附加披露等说明性文字。我国政府财务报告体系框架见表3-1。

表 3-1　政府财务报告体系框架

部门财务报表	以财务会计体系为基础	以修正的权责发生制为核算基础	资产负债表	逐级合并财务报表	政府财务报告
			营运成本表		
	以预算会计体系为基础	以修正的收付实现制为核算基础	现金流量表		
			预算执行情况		
财务报表附注		包括：重要会计政策的说明；会计基础、计量基础和会计估计的说明；其他有助于理解和分析会计报表的事项			
文字报告说明		包括：对报告内容的分析和评价及说明			

在政府财务报告体系框架中，财务报表可以说是财务报告的核心，它主要包括以修正的权责发生制为核算基础的资产负债表和营运成本表，以及以修正的收付实现制为核算基础的现金流量表和预算执行情况表。财务报表主要反映了单位的财务状况和经营成果。政府层面的财务报表可以通过逐级合并资产负债表、营运成本表、现金流量表和预算执行情况表来生成，其反映的内容与部门财务报表

类似。

财务报表附注是财务会计报告体系的重要组成部分。由于财务报表仅能反映货币计量的财务信息，存在一定局限性，因此财务报表附注和附加披露是财务报表的重要补充说明。财务报表附注主要反映了以下几方面的会计信息：①财务报表编制所依据的会计政策、会计基础和计量基础，采用这种编制基础的原因、影响等信息；②政府财务报表中尚未反映，但是应该对公众表达的附加信息，这类信息主要包括难以计量或计量成本过高，而未能在报表中反映的国有资产等；③会计计价和会计处理方法的说明；④与政府财务指标相关的信息，如政府人员数量、资产构成等。

财务报告说明书主要是对财务报表和附注所反映的信息，以及无法反映的经信息进行总结、分析和评价。财务报告说明书的内容包括：①对预算执行情况进行评价，同时将预算与执行情况做出对比，并对二者的差异进行说明；②对政府整体财务状况和运营绩效进行分析；③对不符合规定的资金支出做出说明；④对公众关心的热点问题，特别是有关民生的财政资金安排与使用情况进行说明。

资产负债表是在财务会计体系下编制的，以权责发生制为基础，主要反映部门的资产、负债和净资产信息，帮助信息使用者评价政府的财务状况，监督政府资源使用效率。

营运成本表以权责发生制为编制基础，由于政府部门的收入和费用以及其差额不能完全反映政府部门的绩效，其收入和费用大部分是行政权力赋予的，并不像企业一样是通过提高自己的营运能力获得，所以，编制营运表不能真实反映会计主体的业绩。考核单位业绩需要制定与之相关的综合考核体系，而营运表只能作为考核的参考指标。

现金流量表以收付实现制为编制基础，反映营运活动、投资活动和筹资活动所产生的现金流入和流出，帮助报表使用者评价政府的创新能力、筹资能力和资金实力，并且估计未来的现金流量。

预算执行情况表用来反映政府部门的预算执行情况。通过预算计划与实际执行情况之间的差异，来评价预算主体的绩效。

二、会计权责发生制在政府会计中的实施

一直以来，我国的政府会计制度都是以收付实现制为主，而推行权责发生制改革，在财务会计上就需要引入一些事项进行权责发生制确认，同时需要对引入事项的计量技术和成本进行考量。通常情况下，对那些在计量上存在困难或是需要投入较高成本的会计事项，可以采用收付实现制，如资产类与负债类会计事项。

（一）资产类

公立单位持有的资产可以划分为流动资产和非流动资产。非流动资产又可以划分为固定资产和无形资产。

1.流动资产

（1）流动资产——对外投资。私立单位的金融投资是指为了获取资本增值或者投资收益的资产。而政府持有的投资是因为其拥有所有者的行为，是向公众提供服务的最佳途径。对于政府可回收的那部分投资，应该计入资产。而为缓解实体财务危机而追加的投资一般不太可能进行回收，应该将其确认为费用。

（2）流动资产——未偿还贷款。政府所拥有的贷款主要是国外债券，应根据成本计入资产。这类贷款的利息符合收入的定义，在实际收到利息前，应该将其确认为应收利息。

（3）流动资产——应收款项。应收款项包括提供给第三方商品和服务所产生的欠款，以及政府部门已经确认为收入的，但是尚未收到上级政府或财政部门提供的拨款。对于难以收回的款项，应该计提坏账准备，应收款项按账面价值减去坏账准备的余额列示。

2.非流动资产

非流动资产分为固定资产和无形资产。由于过去在固定资产的核算上，政府会计会将其一次性计入费用，一旦固定资产购入计入费用后，就退出公众的视野，不再对固定资产进行核算。因此，有许多固定资产被遗留在账外。对于在建工程，在基建专户中，会计制度要求对在建工程进行核算，待工程完工后再将其并入固定资产科目。为了摸清政府公共资产的"家底"，应该对固定资产进行清查，将未计入的固定资产及时补入，而在建工程也应该纳入政府资产核算之中。

政府资产在计量上具有复杂性和广泛性的特点。政府固定资产包括政府公共资产、政府国防和科学设施资产。由于军事设施等国防资源涉及国家机密，不宜在财务报表中进行反映，故暂不列入政府资产的计量对象范围。所以，政府固定资产计量对象范围仅包括政府公共资产。目前，我国固定资产的核算范围仍然比较窄在会计准则中，我国财政部主管部门应该对固定资产的具体核算范围进行详细的定义，并适度扩大核算的范围。

固定资产应该在财务会计中资本化，并且计提累积折旧。对前期已购入的固定资产采用"虚提"折旧一次性计入"累计折旧"，并且相应冲减固定基金。应该将新购入的资产资本化，待计提折旧时计入费用。对于一些难以计量其价值的固定资产，可以在财务报表附注中进行披露，如历史文化遗产和自然资源。

（二）负债类

负债类可以分为应付款项、应计负债、隐性负债和或有负债。

应付款项一般为购买商品和服务产生的应付账款。由于政府实行了采购制度，审批手续因而较为复杂。通常情况下，购入商品与实际支付款项之间会有一个较长时间的间隔，甚至会发生跨年度支付的情况。公立部门需要对购入的商品进行入账处理，确认费用，并且将其计入应付款项。对于一些由于以往采用收付实现制而无法确认的"隐形债务"，在改革后，都能得以确认和计量。以短期借款和长期借款的利息为例，要根据合同规定按期进行计提，待实际支付时再冲减负债。而对到期应付未付的职工工资、按预算进度应付未付的在建工程款等，都可以在报表中有所反映。

公立单位的或有负债是因过去事项而发生的潜在义务，其存在仅能通过不完全由单位控制的一个或数个不确定的未来事项的发生抑止或不发生予以证实。虽然由于或有负债具有不确定性，不能在资产负债表中进行确认，但是应该在财务报表附注中进行披露。

（三）收入与支出类

在收入方面，公立单位的收入分为财政性资金和非财政性资金。公立单位的财政性资金收入应该以单位实际获得的收入作为确认标准。而对于全额拨款单位而言，其收入主要是同级财政拨付的财政性资金。在我国已经全面实行国库集中支付制度的背景下，财政批复用款额度与单位实际获得收款的权利不存在时间上的差异。因此，公立单位确认拨入的财政性资金标准十分明显，即单位收到用款额度即可确认收入。当财政所批复的用款额度是上一年度申请留用的资金时，单位就不应该将其列为收入，而应冲减财政返还额度。对于非财政性资金，单位应该按照取得收款权利的时间来作为确认收入的依据。

在支出方面，公立单位的支出主要是为了维持单位的运转，完成其经济业务而发生的经济支出，包括人员经费支出、公用经费支出、项目支出等。在应计制下，单位应该按照实际取得付款责任的时间来作为支出的依据。如按照合同规定的付款时间或者按照经济事项已经发生来确认支出。除此之外，在应计制下，公立单位对于一些待摊费用、计提折旧等，也应该相应地做支出处理。

第四节　权责发生制在事业单位会计核算中的运用

所谓权责发生制，又叫作应收应付制，主要是以发生作为前提，对于在一定时间之内，单位可以获得的收入与费用进行确定，并且对属于该时期的收入以及费用进行全面的处理，而不是以是否可以将款项当成支付作为实际依据。即便是在该时间内获得的款项，一旦不属于该时期的收入与费用，同样不能按照该时间对于该项收入或者费用进行相应的处理。因此，在当前发展的背景下，权责发生制对于事业单位会计核算有着非常重要的意义。

一、事业单位会计核算中应用权责发生制的重要性

在事业单位的会计核算之中，使用权责发生制可以以经济业务实际的情况为标准，并且据此对费用与收入进行确认，从而能够准确地记录每一项经济业务发生的时间。因此，当前权责发生制成为我国企业会计确认、报告以及计量的基础，它不仅能够推动事业单位市场化的形成，而且可以使我国事业单位与国际会计的发展相适应。

相对于收付实现制而言，在进行会计核算时，权责发生制可以更加精准地将事业单位的资产情况反映出来。如果使用收付实现制，事业单位在进行会计核算时，资产不计提折旧，便会使会计分期资金使用效益的可比性出现下滑，而权责发生制则不会出现这一问题，从而能够使事业单位的效益得到保障，能够确保预算管理的规范性。

二、事业单位会计核算中权责发生制的运用实践

事业单位会计核算中权责发生制的应用主要有以下方面。

（一）在收入方面应用权责发生制

第一，事业单位的会计核算人员，在对单位未来项目经营进行设计与规划时，一定要符合国家财政部门的相关规定。另外，工作人员在进行会计核算时，要根据权责发生制的具体要求，进行相应的活动，严格遵守收入与支出两条线。

第二，对于国家财政部门发放的、专门用来提高事业单位经济活动水平的预算资金，以及通过预算法得到的财政专项资金进行计算。在开展年度预算之前，事业单位的会计工作人员需要根据自己单位的实际情况，全方位地进行研究和分析，以将该资金合理科学地分配到财政补助收入、事业收入与其他收入等部门之中，以确保收入计算精准。

第三，事业单位会计核算人员，可以利用权责发生制的优势，对每一项经济行为的收入情况，进行准确和详细的记录。在记录的过程之中，除了需要将经济行为发生的具体时间进行记录外，还应该将该业务是否可以按时到账等都记录于其中。

（二）在支出方面应用权责发生制

事业单位的会计人员在支出核算时使用权责发生制，主要是用于借入款项利息支出，以及事业单位内用于资本性和收益性的支出。因为利息支出有一定的时效性，在对借入款项利息支出进行核算的时候，就需要将其与事业单位借款时间和利率进行结合，并且要按照会计核算周期完成利息支出计算。不过，在对核算利息支出进行实际计算的时候，由于事业单位的工作内容比较复杂，其支出量具有零散性的特征，所以在对整体支出进行记录的时候，就要应用权责发生制，这样才对以将事业单位经济的实际支出情况进行准确的记录和反映。

（三）在对外投资方面应用权责发生制

第一，债权性投资。事业单位如果选择使用债权性投资方式来进行对外投资，其收益并不一定能够在同一时间内全部收回，并且其投放的资金与获取的资金数量也不稳定，甚至会因为各种因素的影响而出现比较大的变化。因此，事业单位如果利用债权性方式进行投资，就不能在将投资数量收回的同时，直接进行最终的确认与记录，而是需要在债权性投资有阶段性收益之后，以某一个因素作为条件，分时期进行确认与记录。而选择该类操作模式，不仅可以提高事业单位的对外投资记录质量与效率，而且还可以在一次性记录时，解决投资行为之中出现的变化性问题。以某一单位购买相关债券为例，某一单位购买相关债券时，需要对债券的分红时间进行记录。绝大多数情况下，每个月都需要对债券分红时间进行相应的记录。

第二，股权性投资。事业单位如果选择股权性投资方式，在进行会计核算时，则需要根据实际情况灵活地使用权益计算法。除此之外，工作人员还应该根据会计核算制度与要求，将投资与回收的过程进行详细的计算，即投资获取的利益、遭受的损失等，将最终结果记录到事业单位应收利息中。

（四）在固定资产核算中应用权责发生制

目前，固定资产是事业单位资产中一个最重要的组成部分工作人员需要加强对固定资产核算的重视程度，以权责发生制为基础，完成固定资产的核算，从而实现对于固定资产的确认、记录等。在进行具体的核算过程之中，需要科学地使用年限法与工作量法，对固定资产原有的价值进行相应的记录。与此同时，还需要处理好固定资产的计提折旧，以保障固定资产会计核算能够将事业单位固定资产的实际价值精准地反映出来。

在进行会计核算时，事业单位会计人员需要科学地利用权责发生制，将一些财务风险进行科学化的规避。与此同时，还要注意收入与支出、对于固定资产的管理、以及对外投资的评价等等，以有效地应用权责发生制，发挥该制度的优势，提高事业单位财务会计工作的质量，保障事业单位经济价值的精准性。

第四章 新形势下事业单位税收管理与措施

第一节 税收征收管理认知

税收征收管理法，是指调整税收征收与管理过程中所发生社会关系的法律规范的总称。其中包括，国家权力机关制定的税收征管法律、国家权力机关授权行政机关制定的税收征管行政法规和有关税收征管的规章制度等。税收征收管理法属于税收程序法，是以规定税收实体法中权利与义务履行的程序为主要内容的法律规范，是税法的一个重要组成部分。税收征收管理法不仅是纳税人全面履行纳税义务必须遵守的法律准则，也是税务机关履行征税职责的法律依据。

一、税收征收管理法的适用范围

凡依法对税务机关征收的各种税收所进行的征收管理，均适用《中华人民共和国税收征收管理法》。就现行有效税种来说，增值税、消费税、营业税、企业所得税、个人所得税、资源税、城镇土地使用税、土地增值税、车船税、车辆购置税、房产税、印花税、城市维护建设税等税种的征收管理都适用于《中华人民共和国税收征收管理法》。

而耕地占用税、契税的征收管理，则要按照国务院的有关规定执行。

由海关负责征收的关税与海关代征的进口环节的增值税、消费税，则要依照法律、行政法规的有关规定执行。

除此之外，我国与外国缔结的有关税收的条约、协定，以及《中华人民共和国税收征收管理法》有不同规定的，要依照条约、协定的规定办理。

二、税收征收管理的法律关系

（一）税收法律关系

税收法律关系，是指税法所确认和调整的税收征纳主体之间在税收分配过程中所形成的权利与义务关系。与其他法律关系一样，税收法律关系也是由主体、客体和内容三部分组成。现具体分析如下。

1.税收法律关系主体

税收法律关系主体，是指在税收法律关系中依法享有权利和承担义务的当事人，即税收法律关系的参加者。税收法律关系主体包括征税主体和纳税主体。

（1）征税主体。征税主体是指在税收法律关系中代表国家享有征税权利的一方当事人，即税务主管机关，包括各级税务机关、海关等。

（2）纳税主体。纳税主体是指税收法律关系中负有纳税义务的一方当事人，即通常所说的纳税人、扣缴义务人和纳税担保人。在税收法律关系中，双方当事人虽然是管理者与被管理者的关系，但是他们的法律地位是平等的。

2.税收法律关系内容

税收法律关系内容，是指税收法律关系主体所享受的权利和应承担的义务。

3.税收法律关系客体

税收法律关系客体，是指税收法律关系主体双方的权利和义务所共同指向的对象，如房产税征纳关系中的房屋、所得税征纳关系中的所得等，都属于税收法律关系客体。

（二）征纳双方的权利与义务

根据《中华人民共和国税收征收管理法》与其他有关行政法规以及规章的规定，征纳双方在税收征收管理中既享有各自的权利，又必须承担各自的义务，它们共同构成了税收法律关系的内容。现具体分析如下。

1.征税主体的权利与义务

征税主体的权利与义务直接体现为征税机关和税务人员的职权和职责。

（1）征税主体的职权。作为国家税收征收管理的职能部门，征税主体享有税务行政管理权。征税机关和税务人员的主要职权包括六个方面：①税收立法权。税收立法权包括参与起草税收法律法规草案，提出税收政策建议，在职权范围内制定、发布关于税收征管的部门规章等。②税务管理权。税务管理权包括对纳税人进行税务登记管理、账簿和凭证管理、纳税申报管理等。③税款征收权。税款征收权是征税主体享有的最基本、最主要的权利。税款征收权主要包括依法计征权、核定税款权、税收保全和强制执行权、追征税款权等。④税务检查权。税务检查权是税务机关查处税收违法行为的职权，包括查账权、场地检查权、询问权、责成提供资料权、存款账户核查权等。⑤税务行政处罚权。税务行政处罚权是对税收违法行为依照法定标准予以行政制裁的权利，如罚款等。⑥其他职权。如在法律、行政法规规定的权限内，对纳税人的减税、免税、退税、延期缴纳的申请予以审批的权利，以及委托代征权、估税权、代位权与撤销权、阻止欠税纳税人离境的权利、定期对纳税人欠缴税款情况予以公告的权利、上诉权等。

（2）征税主体的义务。征税主体和税务人员在行使职权时，也要承担相应的义务。征税主体的义务主要包括七个方面：①宣传税收法律、行政法规，普及纳税知识，无偿地为纳税人提供纳税咨询服务。②税务机关应该依法为纳税人、扣缴义务人的情况保守秘密，为检举违反税法行为者保密。③税务机关应该加强队伍建设，提高税务人员的政治业务素质。④税务机关、税务人员必须秉公执法、忠于职守、清正廉洁、礼貌待人、文明服务，尊重和保护纳税人、扣缴义务人的权利，依法接受监督。⑤税务人员不得索贿受贿、玩忽职守、不征或者少征应征税款，不得滥用职权多征税款。⑥应该建立、健全内部制约和监督管理制度。上级税务机关应该对下级税务机关的执法活动依法进行监督。各级税务机关应该对其工作人员执行法律、行政法规和廉洁自律准则的情况进行监督检查。⑦税务人员在核定应纳税额、调整税收定额、进行税务检查、实施税务行政处罚、办理税务行政复议时，如果与纳税人、扣缴义务人或者其法定代表人、直接责任人有利害关系的，包括夫妻关系、直系血亲关系、三代以内旁系血亲关系、近姻亲关系等可能影响公正执法的其他利害关系的，应该回避。税务人员在征收税款和查处税收违法案件时，如果与纳税人、扣缴义务人或者税收违法案件有利害关系的，应该回避。

2.纳税主体的权利与义务

在税收法律关系中，纳税主体处于行政管理相对人的地位，除了必须承担纳税义务外，也享有自己相应的法定权利。

（1）纳税主体的权利。纳税主体的权利主要包括八个方面：①知情权。纳税人、扣缴义务人有权向税务机关了解国家税收法律、行政法规的规定，以及与纳税程序有关的情况。②要求保密权。纳税人、扣缴义务人有权要求税务机关为纳税人、扣缴义务人的情况保密。③申请减税、免税、退税的权利。④延期申报和延期缴纳税款请求权。如果纳税人不能按期办理纳税申报，或有特殊困难不能按期缴纳税款的，有权提出申请，经税务机关核准的，可以延期申报和延期缴纳税款。⑤多缴税款申请退还权。纳税人超过应纳税额缴纳的税款，税务机关发现后应该立即退还；纳税人自结算缴纳税款之日起3年内发现的，可以向税务机关要求退还多缴的税款，并加算银行同期存款利息，税务机关查实后应该立即退还；

涉及从国库中退库的，应依照法律、行政法规有关国库管理的规定退还。⑥陈述权、申辩权。纳税人、扣缴义务人对税务机关做出的决定，享有用一定的方式来表达自己的意见，对自己的行为进行陈述与辩护的权利，如要求听证、申请行政复议和向法院提起诉讼等。⑦承担赔偿责任权。当纳税人、扣缴义务人认为税务机关具体行政行为不当，致使自己的合法利益遭受损失时，有权要求税务机关进行赔偿。⑧其他权利。当税务人员未出示税务检查证和税务检查通知书时，被检查人有权拒绝税务检查。如果税务机关及其工作人员存在各种不法行为，纳税人、扣缴义务人依法享有进行揭露、检举和控告的权利等。

（2）纳税主体的义务。纳税主体的义务主要包括八个方面：①按期办理税务登记，并按规定使用税务登记证件的义务；②按规定设置账簿、保管账簿和有关资料，以及依法开具、使用、取得和保管发票的义务；③按期、如实办理纳税申报的义务；④按期缴纳或解缴税款的义务；⑤按照规定安装、使用税控装置的义务；⑥接受税务检查的义务；⑦代扣、代收税款的义务；⑧其他义务，如遇纳税人有歇业、经营情况变化、遭受各种灾害等特殊情况时，要及时向征税机关说明，依法享有财务会计制度和会计核算备案的义务等。

第二节　税务管理与税款征收

一、税务管理

税务管理是指税收征收管理机关为了贯彻、执行国家税收法律制度，加强税收工作，协调征税关系而对纳税人和扣缴义务人实施的基础性的管理制度和管理行为。税务管理是税收征收管理的重要内容，是税款征收的前提和基础。税务管理主要包括税务登记管理、账簿和凭证管理、发票管理、纳税申报管理等。

（一）税务登记管理

税务登记，是指纳税人为履行纳税义务就有关纳税事宜依法向税务机关办理登记的一种法定手续，是税务机关对纳税人的开业、变更、注销、外出经营报验、停业复业与生产经营活动进行登记管理的法定程序。税务登记是整个税收征收管理的起点。税务登记的作用在于掌握纳税人的基本情况和税源分布情况。从税务登记开始，纳税人的身份与征纳双方的法律关系即得到确认。

1.税务登记的范围

企业在外地设立的分支机构和从事生产、经营的场所，个体工商户和从事生产、经营的事业单位（以下统称从事生产、经营的纳税人），都应该办理税务登记。

上述规定以外的纳税人，除国家机关、个人和无固定生产经营场所的流动性农村小商贩外（以下统称非从事生产经营但依照规定负有纳税义务的单位和个人），也都应该办理税务登记。

根据税收法律、行政法规的规定负有扣缴税款义务的扣缴义务人（国家机关除外），都应该办理扣缴税款登记。

2.税务登记的内容

根据我国法律、行政法规的规定，我国现行税务登记制度包括设立（开业）税务登记、变更税务登记、注销税务登记、外出经营报验登记与停业、复业登记等。此外，《全国税收征管规范（1.0版）》还增加了自然人登记、社会保险费登记、税源项目登记、登记户日常管理、登记创新处理等新的登记内容。

（1）设立税务登记。设立税务登记，是指纳税人依法成立并在工商行政管理机关登记后，为确认其纳税人的身份、纳入国家税务管理体系而到税务机关进行的登记。现具体分析如下：

第一，设立税务登记的地点。从事生产、经营的纳税人，应该向生产、经营所在地的税务机关办理税务登记。税务机关对纳税人税务登记地点发生争议的，要由其共同的上级税务机关指定管辖。

第二，设立税务登记的时限。从事生产、经营的纳税人领取工商营业执照（含临时工商营业执照）的，应该自领取工商营业执照之日起30日内申报办理税务登记，税务机关核发税务登记证及其副本（纳税人领取临时工商营业执照的，税务机关核发临时税务登记证及其副本）；②从事生产、经营的纳税人未办理工商营业执照，但是经有关部门批准设立的，应该自有关部门批准设立之日起30日内申报办理税务登记，税务机关核发税务登记证及其副本；③从事生产、经营的纳税人未办理工商营业执照，也未经有关部门批准设立的，应该自纳税义务发生之日起30日内申报办理税务登记，税务机关核发临时税务登记证及其副本；④有独立的生产经营权、在财务上独立核算，并且定期向发包人或者出租人上交承包费或租金的承包承租人，应该自承包承租合同签订之日起30日内，向其承包承租业务发生地税务机关申报办理税务登记，税务机关核发临时税务登记证及其副本，临时税务登记证的期限为承包承租期；⑤从事生产、经营的纳税人外出经营，自其在同一县（市）实际经营或提供劳务之日起，在连续的12个月内累计超过180日的，应该自期满之日起30日内，向生产、经营所在地税务机关申报办理税务登记，税务机关核发临时税务登记证及其副本；⑥境外企业在境内承包建筑、安装、装配、勘探工程和提供劳务的，应该自项目合同或协议签订之日起30日内，向项目所在地税务机关申报办理税务登记，税务机关核发临时税务登记证及其副本，临时税务登记证的期限为合同规定的承包期；⑦非从事生产经营但是依照规定负有纳税义务的单位和个人，应该自纳税义务发生之日起30日内，向纳税义务发生地税务机关申报办理税务登记，税务机关核发税务登记证及其副本。

第三，税务登记资料。纳税人在申报办理税务登记时，应该根据不同情况向税务机关如实提供以下证件和资料：①工商营业执照或其他核准执业证件；②有关合同、章程、协议书；③组织机构统一代码证书；④法定代表人或负责人、业主的居民身份证、护照或者其他合法证件。至于其他需要提供的有关证件、资料，由省、自治区、直辖市税务机关确定。《全国税收征管规范（1.0版）》中将个体工商户申报办理税务登记单独列为个体经营登记，只有个体加油站和已办理组织机构代码证的个体工商户才需要提供组织机构统一代码证书，其他个体工商户只需要提交工商营业执照，或其他核准执业证件和业主的居民身份证、护照，以及其他合法证件。纳税人在申报办理税务登记时，应该如实填写《税务登记表》。

第四，税务登记证发放。纳税人提交的证件和资料齐全，且填写的内容符合《税务登记表》规定的，税务机关应该及时发放税务登记证件。纳税人提交的证件和资料不齐全，或填写的内容与《税务登记表》规定的填写内容不符合的，税务机关应该通知其补正或重新填报。纳税人提交的证件和资料明显有疑点的，税务机关要进行实地调查，核实无误的，予以发放税务登记证件。

（2）变更税务登记。变更税务登记，是指纳税人在办理税务登记后，因登记内容发生变化，需要对原登记内容进行更改，而向主管税务机关申报办理的税务登记。

纳税人已经在工商行政管理机关办理变更登记的，应该自工商行政管理机关变更登记之日起30日内，向原税务登记机关如实提供相关证件、资料，申报办理变更税务登记。这些相关证件为：①工商登记变更表与工商营业执照；②纳税人变更登记内容的有关证明文件；③税务机关发放的原税务登记证件（登记证正、副本和税务登记表等）；④其他有关资料。

纳税人按照规定不需要在工商行政管理机关办理变更登记，或者其变更登记的内容与工商登记内容无关的，应该自税务登记内容实际发生变化之日起30日内，或自有关机关批准或者宣布变更之日起30日内，持相关证件到原税务登记机关申报办理变更税务登记。这些相关证件为：①纳税人变更登记内容的有关证明文件；②税务机关发放的原税务登记证件（登记证正、副本和税务登记表等）；③其他有关资料。

纳税人提交的有关变更登记的证件、资料齐全的，要如实填写《税务登记变更表》，经税务机关审核符合规定的，税务机关予以受理；反之，不符合规定的，税务机关应该通知其补正。

税务机关应该于受理当日办理变更税务登记。纳税人税务登记表和税务登记证中的内容都发生变更的，税务机关要按照变更后的内容重新核发税务登记证件；纳税人税务登记表的内容发生变更，而税务登记证中的内容未发生变更的，税务机关不重新核发税务登记证件。

（3）停业、复业登记。停业、复业登记，是指实行定期定额征收方式的纳税人，因自身需要暂停经营或者恢复经营，而向主管税务机关申请办理的一种税务登记手续。现具体分析如下：

第一，停业登记。实行定期定额征收方式的个体工商户需要停业的，应该在停业前向税务机关申报办理停业登记。纳税人的停业期限不得超过1年。纳税人在申报办理停业登记时，应该如实填写《停业申请登记表》，说明停业理由、停业期限、停业前的纳税情况和发票的领、用、存情况，并且结清应纳税款、滞纳金和罚款。税务机关应该收存其税务登记证件及其副本、发票领购簿、未使用完的发票和其他税务证件。纳税人在停业期间发生纳税义务的，应该按照税收法律、行政法规的规定申报缴纳税款。

第二，复业登记。纳税人应该于恢复生产、经营之前，向税务机关申报办理复业登记，如实填写《停、复业报告书》，领回并启用税务登记证件、发票领购簿及其停业前领购的发票。纳税人停业期满不能及时恢复生产经营的，应该在停业期满前向税务机关提出延长停业登记申请，并且如实填写《停、复业报告书》。

（4）外出经营报验登记。外出经营报验登记，是指从事生产经营的纳税人到外县（市）进行临时性的生产经营活动，按规定申报办理的税务登记手续。纳税人到外县（市）临时从事生产经营活动的，应该在外出生产经营以前，持税务登记证向主管税务机关申请开具《外出经营活动税收管理证明》（以下简称《外管证》）。税务机关按照一地一证的原则，核发《外管证》。《外管证》的有效期限一般为30日，最长不得超过180日。在同一地累计超过180日的，应该在营业地办理税务登记手续。纳税人应该在《外管证》注明地进行生产经营前向当地税务机关申请报验登记，并提交如下的相关证件、资料：税务登记证件副本；《外管证》。纳税人在《外管证》注明地销售货物的，除提交以上证件、资料外，还应该如实填写《外出经营货物报验单》，申报查验货物。纳税人外出经营活动结束，应该向经营地税务机关填报《外出经营活动情况申报表》，并结清税款、缴销发票。纳税人应该在《外管证》有效期届满后10日内，持《外管证》回原税务登记地税务机关办理《外管证》缴销手续。

（5）注销税务登记。注销税务登记，是指纳税人由于出现法定情形终止纳税义务时，向原税务机关申请办理的取消税务登记的手续。办理注销税务登记后，该当事人不再受原税务机关的管理。

第一，注销税务登记的原因。纳税人发生以下情形的，应该向主管税务机关申报办理注销税务登记：①纳税人发生解散、破产、撤销及其他情形，依法终止纳税义务的；②按规定不需要在工商行政管理机关或者其他机关办理注销登记的，但是经有关机关批准或者宣告终止的；③纳税人被工商行政管理机关吊销营业执照，或者被其他机关撤销登记的；④纳税人因住所、经营地点的变动，需要改换主管税务机关的；⑤境外企业在中国境内承包建筑、安装、装配、勘探工程和提供劳务的，项目完工离开中国的。

第二，注销税务登记的时限。纳税人发生解散、破产、撤销及其他情形，依法终止纳税义务的，应该在向工商行政管理机关或者其他机关办理注销登记前，持有关证件和资料向原税务登记机关申报办理注销税务登记。按规定不需要在工商行政管理机关或者其他机关办理注销登记的，应该自有关机关批准或者宣告终止之日起15日内，持有关证件和资料向原税务登记机关申报办理注销税务登记。

纳税人被工商行政管理机关吊销营业执照或者被其他机关予以撤销登记的，应该自营业执照被吊销或者被撤销登记之日起15日内，向原税务登记机关申报办理注销税务登记。

纳税人因经营住所、经营地点发生变动，涉及改换税务登记机关的，应该在工商行政管理机关或者其他机关申请办理变更、注销登记前，或者住所、经营地点变动前，持有关证件和资料，向原税务机关申报办理注销税务登记，并自注销税务登记之日起30日内向迁入地税务机关申报办理税务登记。

境外企业在中国境内承包建筑、安装、装配、勘探工程和提供劳务的，应该在项目完工或离开中国前15日内，持有关证件和资料，向原税务登记机关申报办理注销税务登记。纳税人办理注销税务登记前，应该向税务机关提交相关证明文件和资料，结清应纳税款、多退（免）税款、滞纳金和罚款，缴销发票、税务登记证件和其他税务证件，经税务机关核准后，可以办理注销税务登记手续。

（6）非正常户处理。已办理税务登记的纳税人未按照规定期限申报纳税，在税务机关责令其限期改正后，逾期不改正的，税务机关应该派员实地核查，查无下落并且无法强制其履行纳税义务的，由检查人员制作非正常户认定书，存入纳税人档案，税务机关暂停其税务登记证件、发票领购簿和发票的使用。

纳税人被列入非正常户超过3个月的，税务机关可以宣布其税务登记证失效，其应纳税款的追征仍然按照《中华人民共和国税收征收管理法》及其实施细则的规定执行。

《全国税收征管规范（1.0版）》规定，税务机关应在非正常户认定的次月，在办税场所或者广播、电视、报纸、期刊、网络等媒体上公告非正常户。对没有欠税且没有未缴销发票的纳税人，认定为非正常户超过两年的，税务机关可以注销其税务登记证件。

（7）扣缴税款登记。根据税收法律、行政法规的规定，负有扣缴税款义务的扣缴义务人（国家机关除外），应该办理扣缴税款登记。已经办理税务登记的扣缴义务人应该自扣缴义务发生之日起30日内，向税务登记地税务机关申报办理扣缴税款登记。税务机关在其税务登记证件上登记扣缴税款事项，不再发给扣缴税款登记证件。根据税收法律、行政法规的规定可以不办理税务登记的扣缴义务人，应该自扣缴义务发生之日起30日内，向机构所在地税务机关申报办理扣缴税款登记。税务机关核发扣缴税款登记证件。

3.税务登记的证件

（1）税务登记证件的内容。税务登记证件包括税务登记证及其副本、临时税务登记证及其副本。扣缴税款登记证件包括扣缴税款登记证及其副本。税务登记证件的主要内容包括纳税人名称、税务登记代码、法定代表人或负责人、生产经营地址、登记类型、核算方式、经营范围（主营、兼营）、发证日期、证件有效期等。

（2）税务登记证件的使用。纳税人应该将税务登记证件正本在其生产、经营或者办公场所公开悬挂，并且接受税务机关检查。纳税人办理下列事项时，必须提供税务登记证件：开立银行账户，领购发票。

纳税人办理下列税务事项时，应该出示税务登记证件，经税务机关核准相关信息后办理手续：申请减税、免税、退税；申请办理延期申报、延期缴纳税款；申请开具外出经营活动税收管理证明；办理停业、歇业；其他有关税务事项。

从事生产、经营的纳税人应该按照国家有关规定，持税务登记证件，在银行或者其他金融机构开立基本存款账户和其他存款账户，并自开立基本存款账户或者其他存款账户之日起15日内，将其全部账号向主管税务机关报告。如果发生变化，应该自变化之日起15日内，向主管税务机关进行书面报告。

纳税人应该按照国务院税务主管部门的规定使用税务登记证件。税务登记证件不得转借、涂改、损毁、买卖或者伪造。

（3）税务登记证件的管理。税务机关对税务登记证件实行定期验证和换证制度。纳税人应该在规定的期限内持有关证件到主管税务机关办理验证或者换证手续。

纳税人、扣缴义务人遗失税务登记证件的，应该自遗失税务登记证件之日起15日内，书面报告主管税务机关，如实填写《税务登记证件遗失报告表》，并且将纳税人的名称、税务登记证件名称、证件号码、证件有效期、发证机关名称在税务机关认可的报刊上刊登遗失声明，凭借报刊上刊登的遗失声明向主管税务机关申请补办税务登记证件。

税务机关应该加强税务登记证件的管理，采取实地调查、上门验证等方法，或者结合税务部门和工商部门之间，以及国家税务局（分局）、地方税务局（分局）之间的信息交换比对，对税务登记证件进行管理。

国家税务局（分局）、地方税务局（分局）需要定期相互通报税务登记情况，相互及时提供纳税人的登记信息，以加强税务登记的管理。

4.税务登记的机关

县以上（含本级，下同）国家税务局（分局）、地方税务局（分局）是税务登记的主管税务机关，负责税务登记的设立登记、变更登记、注销登记和税务登记证验证、换证与非正常户处理、报验登记等有关事项。

国家税务局（分局）、地方税务局（分局）按照国务院规定的税收征收管理范围，实施属地管理，采取联合登记或分别登记的方式办理税务登记。在有条件的城市，国家税务局（分局）、地方税务局（分局）可以按照"各区分散受理、全市集中处理"的原则办理税务登记。国家税务局（分局）、地方税务局（分局）联合办理税务登记的，应该对同一纳税人发放同一份加盖国家税务局（分局）、地方税务局（分局）印章的税务登记证。国家税务局（分局）、地方税务局（分局）之间对纳税人税务登记的主管机关发生争议的，应该由其上一级国家税务局、地方税务局共同协商解决。

国家税务局（分局）、地方税务局（分局）施行统一的纳税人识别号。纳税人识别号由省、自治区、直辖市、计划单列市国家税务局、地方税务局按照纳税人识别号代码行业标准联合编制，统一下发各地执行。已经领取组织机构代码的纳税人，其纳税人识别号为15位，由纳税人登记所在地6位行政区划码和9位组织机构代码组成。以业主身份证件为有效身份证明的组织，即未取得组织机构代码证书的个体工商户和持回乡证、通行证、护照办理税务登记的纳税人，其纳税人识别号由身份证件号码和二位顺序码组成。纳税人识别号具有唯一性。

各级工商行政管理机关应该向同级国家税务局和地方税务局定期通报办理开业、变更、注销登记与吊销营业执照的情况。

（二）账簿与凭证管理

账簿与凭证是纳税人进行生产经营活动和核算财务收支的重要依据，也是税务机关对纳税人进行征税、管理、核查的重要依据。纳税人所使用的凭证、登记的账簿、编制的报表及其所反映的内容是否真实可靠，直接关系到计征税款依据的真实性，进而影响应纳税款的及时足额入库。账簿、凭证管理是税收管理的基础性工作。而加强账簿、凭证管理目的在于促使纳税人如实反映生产、经营情况，以保证国家税收的正确计征。

1.账簿设置管理

纳税人、扣缴义务人应该按照有关法律、行政法规和国务院财政、税务主管部门的规定设置账簿，根据合法、有效的凭证记账，并进行会计核算。

（1）从事生产、经营的纳税人应该自领取营业执照或者发生纳税义务之日起15日内，按照国家有关规定设置账簿。

（2）生产经营规模小又没有建账能力的纳税人，可以聘请经批准从事会计代理记账业务的专业机构或者经税务机关认可的财会人员代为建账和办理账务。聘请上述机构或者人员有实际困难的，经县以上税务机关批准，可以按照税务机关的规定，建立收支凭证粘贴簿、进货销货登记簿或者使用税控装置。

（3）扣缴义务人应该自税收法律、行政法规规定的扣缴义务发生之日起10日内，按照所缴代扣、代收的税种，分别设置代扣代缴、代收代缴税款账簿。

纳税人、扣缴义务人会计制度健全，能够通过计算机正确、完整计算其收入和所得或者代扣代缴、代收代缴税款情况的，其计算机输出的完整的书面会计记录，可视同为会计账簿。

纳税人、扣缴义务人会计制度不健全，不能通过计算机正确、完整计算其收入和所得或者代扣代缴、代收代缴税款情况的，应该建立总账、纳税或者代扣代缴、代收代缴税款有关的其他账簿。

2.财务会计制度及处理办法管理

纳税人的财务会计制度及其处理办法，是其进行会计核算的依据，直接关系到计税依据的真实合理性。

（1）纳税人使用计算机记账的，应该在使用前将会计电算化系统的会计核算软件、使用说明书与有关资料报送主管税务机关备案。纳税人建立的会计电算化系统应该符合国家有关规定，并能正确而完整地核算其收入或者所得。

（2）纳税人、扣缴义务人的财务会计制度或者财务会计处理办法，若与国务院或者国务院财政、税务主管部门的税收规定相抵触的，则需要依照国务院或者国务院财政、税务主管部门有关税收的规定计算应纳税款、代扣代缴和代收代缴税款。

（3）账簿、会计凭证和报表，应该使用中文。民族自治地区可以在使用中文的同时，使用当地通用的民族文字。外商投资企业和外国企业可以在使用中文的同时，使用一种外国文字。

3.涉税资料保存与管理

从事生产、经营的纳税人、扣缴义务人必须按照国务院财政、税务主管部门规定的保管期限保管账簿、记账凭证、完税凭证及其他有关资料。账簿、记账凭证、报表、完税凭证、发票、出口凭证及其他有关涉税资料应该保存10年，但是法律、行政法规另有规定的除外。与此同时，不得伪造、变造或者擅自损毁账簿、记账凭证、完税凭证及其他有关资料。

（三）发票管理

1.发票的式样

发票，是指在购销商品、提供或者接受服务及从事其他经营活动中，开具、收取的收付款凭证。它是确定经济收支行为发生的法定凭证，是会计核算的原始依据。国家税务总局统一负责全国的发票管理工作，省、自治区、直辖市国家税务局和地方税务局依据各自的职责，共同做好本行政区域内的发票管理工作。财政、审计、工商、公安等有关部门在各自职责范围内，要配合税务机关做好发票管理工作。

在全国范围内统一式样的发票，是由国家税务总局确定的。在省、自治区、直辖市范围内统一式样的发票，是由省、自治区、直辖市国家税务局和地方税务局确定的。所谓发票的式样包括发票所属的种类、各联用途、具体内容、版面排列、规格、使用范围等。

2.发票的规定

发票的种类、联次、内容及使用范围由国家税务总局规定。现具体分析如下：

（1）发票的种类。发票的种类通常按照行业特点和纳税人的生产经营项目划分为普通发票、增值税专用发票和专业发票三种。

第一，普通发票是最常见的一种发票，它的适用面最广，各种经济类型的纳税人都可以使用。营业税纳税人和增值税纳税人都可使用普通发票。

第二，增值税专用发票是专供增值税一般纳税人销售货物或提供应税劳务时使用的一种特殊发票。增值税专用发票除了具有普通发票的基本特征之外，还具有抵扣增值税税款的功能。它不仅是经济活动的重要商事凭证，而且是记录销售方纳税义务和购货方进项税额的合法证明，对增值税的计算与管理具有决定性的作用。

第三，专业发票是指由国有金融、邮电、铁路、民用航空、公路和水上运输等单位开具的专业性很强的发票。专业发票主要包括国有金融、保险企业的存贷、汇兑、转账凭证、保险凭证；国有邮政、电信企业的邮票、邮单、话务、电报收据；国有铁路、民用航空企业和交通部门国有公路、水上运输企业的客票、货票等。

（2）发票的联次与内容。发票的基本联次包括存根联、发票联和记账联。存根联由收款方或开票方留存备查；发票联由付款方或受票方作为付款原始凭证；记账联由收款方或开票方作为记账原始凭证。通常，省以上税务机关可以根据发票管理情况与纳税人经营业务需求，增减除发票联以外的其他联次，并确定其用途。

发票的基本内容包括发票的名称、发票代码和号码、联次及用途、客户名称、开户银行及账号、商品名称或经营项目、计量单位、数量、单价、金额、开票人和开票日期、开票单位名称等。

3. 发票印制

增值税专用发票由国家税务总局确定的企业印制，其他发票则按照国家税务总局的规定，由省、自治区、直辖市税务机关指定的企业印制，禁止私自印制、伪造、变造发票。通常，印制发票的企业应该具备下列条件：

（1）取得印刷经营许可证和营业执照；

（2）设备、技术水平能够满足印制发票的需求；

（3）有健全的财务制度和严格的质量监督、安全管理、保密制度。

印制发票应该使用国家税务总局规定的全国统一的发票防伪专用品，禁止非法制造发票防伪专用品。

发票应该套印全国统一发票监制章。全国统一发票监制章的式样和发票版面印刷的要求，由国家税务总局规定。发票监制章由省、自治区、直辖市税务机关制作，禁止伪造发票监制章。发票实行不定期换版制度。禁止在境外印制发票。

4. 发票领购

需要领购发票的单位和个人，应该持税务登记证件、经办人身份证明、按照国家税务总局规定式样制作的财务印章或发票专用章的印模，向主管税务机关办理发票领购手续。主管税务机关根据领购单位和个人的经营范围和规模，确认其领购发票的种类、数量及领购方式，并且在5个工作日内发给发票领购簿。

单位和个人领购发票时，应该按照税务机关的规定报告发票使用情况，税务机关应该按照规定进行查验。

需要临时领购发票的单位和个人，可以凭购销商品、提供或者接受服务与从事其他经营活动的书面证明、经办人身份证明，直接向经营地税务机关申请代开发票。依照税收法律、行政法规规定应该缴纳税款的，税务机关应该先征收税款，再开具发票。税务机关根据发票管理的需要，可以按照国家税务总局的规定委托其他单位代开发票，但是禁止非法代开发票。

税务机关对外省、自治区、直辖市来本辖区从事需要临时申请领购发票的经营活动的单位和个人，可以要求其提供保证人或者根据所领购发票的票面限额与数量交纳不超过1万元的保证金，并限期缴销发票。

对于按期缴销发票的，解除保证人的担保义务或者退还保证金；对未按期缴销发票的，由保证人或者以保证金承担法律责任。税务机关收取保证金时，应该开具资金往来结算票据。

5.发票的开具与保管

销售商品、提供服务与从事其他经营活动的单位和个人，对外发生经营业务收取款项时，收款方应该向付款方开具发票；特殊情况下，由付款方向收款方开具发票。

所有单位和从事生产、经营活动的个人在购买商品、接受服务与从事其他经营活动支付款项时，都应该向收款方取得发票。领取发票时，不得要求变更品名和金额。对于不符合规定的发票，不得作为财务报销凭证，任何单位和个人有权拒收。

开具发票应该按照规定的时限、顺序、栏目，全部联次一次性如实开具，并且加盖发票专用章。安装税控装置的单位和个人，应该按照规定使用税控装置开具发票，并且按期向主管税务机关报送开具发票的数据。使用非税控电子器具开具发票的，应该将非税控电子器具使用的软件程序说明资料报主管税务机关备案，并按照规定保存、报送开具发票的数据。

开具发票的单位和个人应该建立发票使用登记制度，设置发票登记簿，并且定期向主管税务机关报告发票使用情况。开具发票的单位和个人应该在办理变更或者注销税务登记的同时，办理发票和发票领购簿的变更、缴销手续。

开具发票的单位和个人应该按照税务机关的规定存放和保管发票，不得擅自损毁发票。对已经开具的发票存根联和发票登记簿，应该保存5年的时间。保存期满后，需要报经税务机关查验后销毁。如果丢失发票，应该于丢失当日书面报告主管税务机关，并且在报刊和电视等传播媒介上公告声明作废。

6.发票检查

根据《发票管理办法》及其实施细则的规定，税务机关在发票管理中有权进行下列检查：

（1）检查印制、领购、开具、取得、保管和缴销发票的情况。

（2）调出查验发票。

（3）查阅、复制与发票有关的凭证、资料。

（4）向当事各方询问与发票有关的问题和情况。

（5）在查处发票案件时，对与案件有关的情况和资料可以记录、录音、录像、照相和复制。

印制、使用发票的单位和个人，必须接受税务机关的检查，如实反映情况，提供有关资料，不得拒绝、隐瞒。税务人员进行检查时，应该出示税务检查证。

税务机关需要将已经开具的发票调出查验时，应该向被查验的单位和个人开具《发票换票证》。《发票换票证》与所调出查验的发票有同等的效力，被调出查验发票的单位和个人不得拒绝接受。《发票换票证》仅限于在本县（市）范围内使用。当需要调出外县（市）的发票查验时，要与该县（市）税务机关联系，使用当地的发票换票证。

税务机关需要将空白发票调出查验时，应该开具收据；经查无问题的，应该及时发还。

单位和个人从中国境外取得的与纳税有关的发票或者凭证，税务机关在纳税审查时有疑义的，可以要求其提供境外公证机构或者注册会计师的确认证明，经税务机关审核认可后，方可作为记账核算的凭证使用。

税务机关在检查发票，特别是需要核对发票存根联与发票联填写情况时，可以向持有发票或者发票存根联的单位发出"发票填写情况核对卡"。有关单位应该如实填写，按期报回。收存发票或保管发票存根联的单位，所接到税务机关"发票填写情况核对卡"的式样，由国家税务总局确定。

7.违反发票管理行为及其处罚

纳税人应该按照发票管理的有关规定，切实履行有关义务。《发票管理办法》及其实施细则详细列举了违反发票管理规定的行为。这些行为主要包括未按规定印制发票、生产发票防伪专用品的行为等。

（1）未按规定印制发票、生产发票防伪专用品的行为，包括未经省级税务机关指定的企业私自印制发票；未经国家税务总局指定的企业私自生产发票防伪专用品、私自印制增值税专用发票；伪造、私刻发票监制章，伪造、私造发票防伪专用品；印制发票的企业未按"发票印制通知书"印制发票，生产发票防伪专用品的企业未按"发票防伪专用品生产通知书"生产防伪专用品；转借、转让发票监制章和发票防伪专用品；印制发票和生产发票防伪专用品的企业未按规定销毁废（次）品而造成流失；用票单位私自印制发票；未按税务机关的规定与制定印制发票和生产发票防伪专用品管理制度；其他未按规定印制发票和生产发票防伪专用品的行为。

（2）未按规定领购发票的行为，包括向税务机关以外的单位和个人领购发票；私售、倒买倒卖发票；贩运、窝藏假发票；向他人提供发票或者借用他人发票；盗取（用）发票；其他未按规定领购发票的行为。

（3）未按规定开具发票的行为，包括应开具而未开具发票；单联填开或上、下联金额，增值税销项税额等内容不一致；填写项目不齐全；涂改发票；转借、转让、代开发票；未经批准拆本使用发票；虚构经营业务活动，虚开发票；开具票物不符发票；开具作废发票；未经批准，跨规定的使用区域开具发票；以其他单据或白条代替发票开具；扩大专业发票或增值税专用发票开具的范围；未按规定报告发票的使用情况；未按规定设置发票登记簿；其他未按规定开具发票的行为。

（4）未按规定取得发票的行为，包括应领取而未领取发票；领取不符合规定的发票；领取发票时，要求开票方或自行变更品名、金额或增值税税额；自行填开发票入账；其他未按规定领取发票的行为。

（5）未按规定保管发票的行为，包括丢失发票；损（撕）毁发票；丢失或擅自销毁发票存根联与发票登记簿；未按规定缴销发票；印制发票的企业和生产发票防伪专用品的企业丢失发票、发票监制章或者发票防伪专用品等；未按规定建立发票保管制度；其他未按规定保管发票的行为。

（6）未按规定接受税务机关检查的行为，包括拒绝检查；隐瞒真实情况；刁难、阻挠税务人员进行检查；拒绝接受《发票换票证》；拒绝提供有关资料；拒绝提供境外公证机构或者注册会计师的确认证明；拒绝接受有关发票问题的询问；其他未按规定接受税务机关检查的行为。

对有上述所列行为之一的单位和个人，税务机关应该责令其限期改正，没收非法所得，并处1万元以下的罚款。有上述所列两类或两类以上行为的，可以分别处罚。

对非法携带、邮寄、运输或者存放空白发票的，包括经税务机关监制的空白发票和伪造的假空白发票的，应该由税务机关收缴发票，没收非法所得，并处1万元以下罚款。

对私自印制、伪造变造、倒买倒卖发票（包括发票防伪专用品和假发票），私自制作发票监制章、发票防伪专用品的，税务机关可以进行查封、扣押或者销毁，没收非法所得和作案工具，并处1万元以上5万元以下的罚款。而对于构成犯罪的，则需要依法追究刑事责任。

违反发票管理规定，导致其他单位或者个人未缴、少缴或者骗取税款的，由税务机关没收非法所得，并处未缴、少缴或者骗取的税款1倍以下的罚款。

上述所谓没收非法所得，是指没收因伪造和非法印制、生产、买卖、转让、代开、不如实开具与非法携带、邮寄、运输或者存放发票、发票监制章，或者发票防伪专用品和其他违反规定的行为所获取的收入。

税务机关在对违反发票管理法规的行为进行处罚时，要将处理决定书面通知当事人；对违反发票管理法规的案件，要立案查处。对违反发票管理法规的行政处罚，由县以上税务机关决定；罚款或没收非法所得款在1000元以下的，可由税务所自行决定处罚。

（四）纳税申报管理

纳税申报，是指纳税人按照税法规定，定期就计算缴纳税款的有关事项向税务机关提交书面报告的法定手续。纳税申报是纳税人履行纳税义务、界定法律责任的主要依据。

纳税人必须按照法律、行政法规规定或者税务机关依照法律、行政法规规定确定的申报期限、申报内容如实办理纳税申报，报送纳税申报表、财务会计报表与税务机关根据实际需要要求纳税人报送的其他纳税资料。

扣缴义务人必须依照法律、行政法规规定或者税务机关依照法律、行政法规规定确定的申报期限、申报内容如实报送代扣代缴、代收代缴税款报告表与税务机关根据实际需要要求扣缴义务人报送的其他有关资料。

1.纳税申报要求

（1）纳税人在纳税期内没有应纳税款的，也应该按照规定办理纳税申报。

（2）纳税人享受减税、免税待遇的，在减税、免税期间应该按照规定办理纳税申报。

（3）纳税人、扣缴义务人按照规定的期限办理纳税申报或者报送代扣代缴、代收代缴税款报告表确有困难，需要延期的，应该在规定的期限内向税务机关提出书面延期申请，经税务机关核准后，在核准的期限内办理。

（4）纳税人、扣缴义务人因不可抗力，不能按期办理纳税申报或者报送代扣代缴、代收代缴税款报告表的，可以延期办理。不过，应该在不可抗力情形消除后立即向税务机关报告。税务机关应该在查明事实后，予以核准。

（5）经核准延期办理纳税申报、报送事项的，应该在纳税期内按照上期实际缴纳的税额，或者税务机关核定的税额预缴税款，并在核准的延期内办理税款结算。

2.纳税申报方式

纳税申报方式，是指纳税人和扣缴义务人在纳税申报期限内，依照规定到指定税务机关进行纳税申报的形式。通常，纳税申报的方式主要有以下四种：

（1）自行申报。自行申报，也称直接申报，是指纳税人、扣缴义务人按照规定的期限自行到主管税务机关（报税大厅）办理纳税申报手续。这是一种传统的纳税申报方式。

（2）邮寄申报。邮寄申报，是指经税务机关批准，纳税人、扣缴义务人使用统一的纳税申报专用信封，通过邮政部门办理交寄手续，并且以邮政部门收据作为申报凭据的方式。邮寄申报以寄出的邮件日期作为实际的申报日期。

（3）数据电文方式。数据电文方式，是指以税务机关确定的电话语音、电子数据交换和网络传输等电子方式进行纳税申报。这种方式运用了新的电子信息技术，代表着纳税申报方式的发展方向，而且使用范围在逐渐扩大。纳税人、扣缴义务人采取数据电文方式办理纳税申报的，其申报日期以税务机关计算机网络系统收到该数据电文的时间为准，与数据电文相对应的纸质申报资料的报送期限则由税务机关确定。

（4）其他方式。实行定期定额缴纳税款的纳税人可以实行简易申报、简并征期等方式申报纳税。

3.纳税申报内容

纳税人、扣缴义务人的纳税申报或者代扣代缴、代收代缴税款报告表的主要内容包括税种、税目，应纳税项目或者应代扣代缴、代收代缴税款项目，计税依据，扣除项目与标准，适用税率或者单位税额，应退税项目与税额，应减免税项目与税额，应纳税额或者应代扣代缴、代收代缴税额，税款所属期限，延期缴纳税款，欠税，滞纳金等。

纳税人办理纳税申报时，应该如实填写纳税申报表，并且根据不同的情况报送如下相关证件、资料：

（1）财务会计报表与说明材料。

（2）与纳税有关的合同、协议书及凭证。

（3）税控装置的电子报税资料。

（4）外出经营活动税收管理证明和异地完税凭证。

（5）境内或者境外公证机构出具的有关证明文件。

（6）税务机关规定应该报送的其他相关证件、资料。

二、税款征收

税款征收是税务机关依照税收法律与相关法规以及规定，将纳税人应该缴纳的税款组织入库的一系列活动的总称。它是税收征收管理工作的中心环节，是全部税收征管工作的目的和归宿。

（一）税款征收方式

税款征收方式，是指税务机关根据各税种的不同特点和纳税人的具体情况而确定的计算、征收税款的形式和方法。税款征收的方式主要包括确定方式和缴纳方式。

1.确定方式

（1）查账征收。查账征收，是指税务机关对财务健全的纳税人，依据其报送的纳税申报表、财务会计报表和其他有关纳税资料，依照适用税率计算应纳税款的征收方式。这种征收方式较为规范，符合课税法定的基本原则，适用于财务会计制度健全、能够如实核算和提供生产经营情况、正确计算应纳税款、如实履行纳税义务的纳税人。

（2）查定征收。查定征收，是指对账务制度不健全，但是能控制其材料、产量或进销货物的纳税单位或个人，依据正常条件下的生产能力，由税务机关对其生产的应税产品查定产量、销售额并据以征收税款的征收方式。这种征收方式适用于生产经营规模较小、产品零星、税源分散、会计账册不健全，但是能控制原材料或进销货的小型厂矿和作坊。

（3）查验征收。查验征收，是指税务机关对纳税人的应税商品、产品，通过查验数量，按市场一般销售单价计算其销售收入，并据以计算应纳税款的一种征收方式。这种征收方式适用于纳税人财务制度不健全、生产经营不固定、零星分散、流动性大的税源。

（4）定期定额征收。定期定额征收，是指对小型个体工商户在一定经营地点、一定经营时期、一定经营范围内的应纳税经营额（包括经营数量）或对所得额进行核定，并以此为计税依据，确定其应纳税额的一种征收方式。这种征收方式适用于经主管税务机关认定和县以上税务机关（含县级）批准的生产、经营规模小，达不到《个体工商户建账管理暂行办法》规定的设置账簿标准，难以查账征收，不能准确计算计税依据的个体工商户（包括个人独资企业），简称定期定额户。

2.缴纳方式

（1）纳税人直接向国库经收处缴纳。在申报前，纳税人可以先向税务机关领取税票，自行填写，再到国库经收处缴纳税款，以国库经收处的回执联和纳税申报等资料，向税务机关申报纳税。这种缴纳方式，适用于在设有国库经收处的银行和其他金融机构开设账户，并且向税务机关申报的纳税人。

（2）税务机关自收税款并办理入库手续。这是由税务机关直接收取税款并办理入库手续的缴纳方式。适用于由税务机关代开发票的纳税人缴纳的税款；临时发生纳税义务，需要向税务机关直接缴纳的税款；税务机关采取强制执行措施，以拍卖所得或变卖所得而缴纳的税款。

（3）代扣代缴。代扣代缴是指按照税法规定，负有扣缴税款义务的单位和个人，负责对纳税人应纳的税款进行代扣代缴的一种方式。即由支付人在向纳税人支付款项时，从所支付的款项中依法直接扣收税款代为缴纳。其目的是对零星分散、不易控制的税源实行源头上的控制。

（4）代收代缴。代收代缴是指按照税法规定，负有收缴税款义务的单位和个人，负责对纳税人应纳的税款进行代收代缴的一种方式。即由与纳税人有经济业务往来的单位和个人在向纳税人支付款项时，依法收取税款。这种方式一般适用于税收网络覆盖不到或很难控制的领域，如受托加工应征消费税的消费品、由受托方代收代缴的消费税。

（5）委托代征。委托代征是指受委托的有关单位按照税务机关核发的代征证书的要求，以税务机关的名义向纳税人征收零散税款的一种征收方式。这种方式有利于控制税源，方便征纳双方，从而降低征收的成本。

（二）税款征收措施

在税款征收时，为了保证税款征收的顺利进行，《中华人民共和国税收征收管理法》赋予了税务机关可以根据不同情况而采取相应措施的权力。

1.核定、调整应纳税额措施

（1）核定应纳税额的情形。根据《中华人民共和国税收征收管理法》的规定，纳税人有下列情形之一的，税务机关有权核定其应纳税额：①依照法律、行政法规的规定可以不设置账簿的；②依照法律、行政法规的规定应该设置但是却未设置账簿的；③擅自销毁账簿或者拒不提供纳税资料的；④虽设置账簿，但账目混乱或者成本资料、收入凭证、费用凭证残缺不全，难以查账的；⑤发生纳税义务，未按照规定的期限办理纳税申报，经税务机关责令限期申报，逾期仍不申报的；⑥纳税人申报的计税依据明显偏低，却又无正当理由的；⑦未按照规定办理税务登记的从事生产、经营的纳税人与临时经营的纳税人。

（2）核定应纳税额的方法。为了减少核定应纳税额的随意性，使核定的税额更接近纳税人的实际情况和法定的负担水平，税务机关有权采用下列方法来核定应纳税额：①参照当地同类行业或者类似行业中经营规模，以及收入水平相近的纳税人的税负水平核定；②按照营业收入或者成本加合理的费用与利润的方法核定；③按照耗用的原材料、燃料、动力等推算或者测算核定；④按照其他合理方法核定。当其中一种方法不能够正确核定应纳税额时，可以同时采用两种或两种以上的方法进行核定。纳税人对税务机关采取上述方法核定的应纳税额有异议的，应该提供相关证据，经税务机关认定后，调整应纳税额。

（3）关联企业纳税调整。纳税人与关联企业业务往来时，应该按照独立企业之间的业务往来收取或者支付价款、费用；不可以按照独立企业之间的业务往来收取或者支付价款、费用，而减少其应纳税的收入或者所得额的，税务机关有权进行合理调整。所谓独立企业之间的业务往来，是指没有关联关系的企业之间按照公平成交价格和营业常规所进行的业务往来。纳税人可以向主管税务机关提出与其关联企业之间业务往来的定价原则和计算方法，主管税务机关审核、批准后，与纳税人预先约定有关定价事项，监督纳税人去执行。

关联企业是指有下列关系之一的公司、企业和其他经济组织：①在资金、经营、购销等方面，存在直接或者间接的拥有或者控制关系；②直接或者间接地同为第三者所拥有或者控制；③在利益上具有相关联的其他关系。

2.责令限期缴纳措施

　　纳税人未按照规定期限缴纳税款的，扣缴义务人未按照规定期限缴纳税款的，税务机关可责令限期缴纳，并从滞纳税款之日起，按日加收滞纳税款万分之五的滞纳金。

　　对未按照规定办理税务登记的从事生产、经营的纳税人，以及临时从事经营的纳税人，由税务机关核定其应纳税额，责令缴纳；对于不缴纳的，税务机关可以扣押其价值相当于应纳税款的商品、货物。扣押后缴纳应纳税款的，税务机关必须立即解除扣押，并归还所扣押的商品、货物；扣押后仍不缴纳应纳税款的，经县以上税务局（分局）局长批准，依法拍卖或者变卖所扣押的商品、货物，以拍卖或者变卖所得抵缴税款。

　　加收滞纳金的起止时间，为法律、行政法规规定或者税务机关依照法律、行政法规规定所确定的税款缴纳期限届满次日起至纳税人、扣缴义务人实际缴纳或者解缴税款之日止。

　　3.提供纳税担保措施

　　纳税担保，是指经税务机关同意或确认，纳税人或其他自然人、法人、经济组织以保证、抵押、质押的方式，为纳税人应该缴纳的税款及滞纳金提供担保的行为。包括经税务机关认可的有纳税担保能力的保证人为纳税人提供的纳税保证，以及纳税人或者第三人以其未设置或者未全部设置担保物权的财产提供的担保。

　　（1）适用纳税担保的情形。这些情形为：①税务机关有根据认为从事生产、经营的纳税人有逃避纳税义务行为的，在规定的纳税期之前经责令其限期缴纳应纳税款，在限期内发现纳税人有明显的转移、隐匿其应纳税的商品、货物及其他财产或者应纳税收入的迹象，应责成纳税人提供纳税担保的；②欠缴税款、滞纳金的纳税人或者其法定代表人需要出境的；③纳税人同税务机关在纳税上发生争议而未缴清税款，需要申请行政复议的；④税收法律、行政法规规定可以提供纳税担保的其他情形。

　　（2）纳税担保的范围。纳税担保的范围包括税款、滞纳金和实现税款、滞纳金的费用。费用包括抵押、质押登记费用、质押保管费用，以及保管、拍卖、变卖担保财产等相关费用支出。用于纳税担保的财产、权利的价值不得低于应该缴纳的税款、滞纳金，并考虑相关的费用。纳税担保的财产价值不足以抵缴税款、滞纳金的，税务机关应该向提供担保的纳税人或纳税担保人继续追缴。用于纳税担保的财产、权利的价格估算，除法律、行政法规另有规定外，可以参照同类商品的市场价、出厂价或者评估价估算。

　　（3）纳税担保的具体方式。

　　第一，纳税保证。纳税保证是指纳税保证人向税务机关保证，当纳税人未按照税收法律、行政法规规定或者税务机关确定的期限缴清税款、滞纳金时，由纳税保证人按照约定履行缴纳税款及滞纳金的行为。税务机关认可的，保证成立；税务机关不认可的，保证不成立。纳税保证为连带责任保证，纳税人和纳税保证人对所担保的税款与滞纳金承担连带责任。纳税保证人，是指在中国境内具有纳税担保能力的自然人、法人或者其他经济组织。法人或其他经济组织财务报表资产净值超过需要担保的税额及滞纳金两倍以上的，自然人、法人或其他经济组织所拥有或者依法可以处分未设置担保财产的价值超过需要担保税额及滞纳金的，可以视为具有纳税担保能力。

第二，纳税抵押。纳税抵押是指纳税人或纳税担保人不转移对所抵押财产的占有，将该财产作为税款及滞纳金的担保。纳税人逾期未缴清税款与滞纳金的，税务机关有权依法处置该财产，以抵缴税款与滞纳金。提供担保的财产为抵押物，提供抵押物的纳税人或者纳税担保人为抵押人，税务机关为抵押权人。

抵押期间，经税务机关同意，纳税人可以转让已经办理登记的抵押物，并告知受让人转让物已经抵押的情况。纳税人转让抵押物所得的价款，应该向税务机关提前缴纳所担保的税款、滞纳金。超过部分，归纳税人所有，不足部分由纳税人缴纳或者提供相应的担保。在抵押物灭失、毁损或者被征用的情况下，抵押权所担保的纳税义务履行期未满的，税务机关可以要求将保证金、赔偿金或补偿金等作为担保财产。纳税人在规定的期限内未缴清税款、滞纳金的，税务机关应该依法拍卖、变卖抵押物，变价抵缴税款、滞纳金。纳税担保人以其财产为纳税人提供纳税抵押担保的，纳税人在规定的期限届满未缴清税款、滞纳金的，税务机关应该在期限届满之日起15日内书面通知纳税担保人，通知其自收到纳税通知书之日起15日内缴纳担保的税款、滞纳金。纳税担保人未按照上述规定期限缴纳所担保的税款、滞纳金的，由税务机关责令限期在15日内缴纳；逾期仍未缴纳的，由县以上税务局（分局）局长批准，税务机关可以依法拍卖、变卖抵押物，以抵缴税款、滞纳金。

第三，纳税质押。纳税质押是指经税务机关同意，纳税人或纳税担保人将其动产或权利凭证移交税务机关占有，将该动产或者权利凭证作为税款及滞纳金的担保。纳税人逾期依然未缴清税款、滞纳金的，税务机关有权依法处置该动产或权利凭证，以抵缴税款及滞纳金。纳税质押包括动产质押和权利质押。动产质押包括现金及其他除不动产以外的财产提供的质押。汇票、支票、本票、债券、存款单等权利凭证可以作为质押。对于实际价值波动很大的动产或权利凭证，由设区的市、自治州以上税务机关确认，税务机关可以不接受其作为纳税质押。

以汇票、支票、本票、公司债券出质的，税务机关应该在纳税人（或纳税担保人）背书清单上记载"质押"字样。以存款单出质的，应该由签发的金融机构核押。以载明兑现或者提货日期的汇票、支票、本票、债券、存款单出质的，汇票、支票、本票、债券、存款单兑现的日期先于纳税义务履行期或者担保期的，税务机关与纳税人约定将兑现的价款用于缴纳或者抵缴所担保的税款及滞纳金。纳税人在规定的期限内缴清税款与滞纳金的，税务机关应该自纳税人缴清税款与滞纳金之日起3个工作日内返还质物，解除质押关系。纳税人在规定的期限内未缴清税款及滞纳金的，税务机关应该依法拍卖、变卖质物，抵缴税款、滞纳金。

纳税担保人以其动产或财产权利为纳税人提供纳税质押担保的，纳税人在规定的期限内缴清税款与滞纳金的，税务机关应该在3个工作日内将质物返还给纳税担保人，解除质押关系。纳税人在规定的期限内未缴清税款、滞纳金的，税务机关应该在期限届满之日起15日内书面通知纳税担保人，纳税担保人自收到纳税通知书之日起15日内缴纳担保的税款、滞纳金。纳税担保人未按照前述规定的期限缴纳所担保的税款、滞纳金的，由税务机关责令限期在15日内缴纳；缴清税款、滞纳金的，税务机关自纳税担保人缴清税款与滞纳金之日起3个工作日内返还质物，解除质押关系；逾期仍未缴纳的，经由县以上税务局（分局）局长批准，税务机关依法拍卖、变卖质物，以抵缴税款、滞纳金。

4.采用税收保全措施

（1）适用税收保全的情形与措施。税务机关责令具有税法规定情形的纳税人提供纳税担保，而纳税人拒绝提供纳税担保或无力提供纳税担保的，经由县以上税务局（分局）局长批准，税务机关可以采取以下这些税收保全措施：①书面通知纳税人开户银行或者其他金融机构冻结纳税人相当于应纳税款金额的存款；②扣押、查封纳税人的价值相当于应纳税款的商品、货物或者其他财产。在这里，其他财产是指纳税人房地产、现金、有价证券等不动产和动产。

（2）不适用税收保全的财产。纳税人与其所抚养家属用来维持生活必需的住房和用品，不在税收保全措施的范围之内。个人所抚养家属，是指与纳税人共同居住与生活的配偶、直系亲属，以及无生活来源但是却由纳税人抚养的其他亲属。通常，纳税人个人及其所抚养家属用来维持生活必需的住房和用品，不包括机动车辆、金银饰品、古玩字画、豪华住宅或者一处以外的住房。

（3）税收保全的执行与后果。税务机关执行扣押、查封商品、货物或者其他财产时，应该由两名以上税务人员执行，并通知被执行人。如果被执行人是自然人，应该通知被执行人本人或者其成年家属到场；如果被执行人是法人或者其他组织的，应该通知其法定代表人或者主要负责人到场；被执行人拒不到场的，不影响执行。

税务机关实施扣押、查封时，对有产权证件的动产或者不动产，税务机关可以责令当事人将产权证件交税务机关保管。与此同时，可以向有关机关发出协助执行通知书。而有关机关在扣押、查封期间，不再办理该动产或者不动产的过户手续。对查封的商品、货物或者其他财产，税务机关可以指令被执行人负责保管，保管责任由被执行人承担。对如果继续使用，并不会减少其价值的被查封财产，税务机关可以允许被执行人继续使用，因被执行人保管或者使用而造成的损失，则由被执行人承担。

纳税人在税务机关采取税收保全措施后，按照税务机关规定的期限缴纳税款的，税务机关应该自收到税款或者银行转回的完税凭证之日起1日内解除税收保全措施。

纳税人在限期内已经缴纳税款，税务机关未立即解除税收保全措施，或因税务机关滥用职权违法采取税收保全措施，以及因采取税收保全措施不当，使纳税人的合法利益遭受损失的，税务机关应该承担赔偿责任。

税务机关对从事生产、经营的纳税人在纳税期的纳税情况，依法进行检查时会采取扣押查封措施。而在税收保全期内，如果已经采取税收保全措施的财物可以依法处理，就用《税务事项通知书》书面通知纳税人，以让其及时协助处理。纳税人未按规定期限协助处理的，则需要进行拍卖变卖，而拍卖、变卖的所得由税务机关保存价款，继续实施税收保全措施。

税务机关在查处重大税收违法案件中，对已实施的税收保全措施，符合法定情形，需要延长税收保全期限的，应该逐级报请国家税务总局批准。主要包括：①案情复杂，在税收保全期限内确实难以查明案件事实的；②被查对象转移、隐匿、销毁账簿、记账凭证或者其他证据材料的；③被查对象拒不提供相关情况或者以其他方式拒绝、阻挠检查的；④解除税收保全措施可能使纳税人转移、隐匿、损毁或者违法处置财产，从而导致税款无法追缴的。

5.采取强制执行措施

（1）适用强制执行的情形与措施。根据《中华人民共和国税收征收管理法》的规定，从事生产、经营的纳税人、扣缴义务人未按照规定的期限缴纳或者解缴税款，纳税担保人未按照规定的期限缴纳所担保的税款，由税务机关责令限期缴纳，逾期仍未缴纳的，经由县以上税务局（分局）局长批准，税务机关可以采取如下强制执行措施：①书面通知其开户银行或者其他金融机构从其存款中扣缴税款；②扣押、查封、依法拍卖或者变卖其价值相当于应纳税款的商品、货物或者其他财产，以拍卖或者变卖所得抵缴税款；③税务机关采取强制执行措施时，对上述纳税人、扣缴义务人、纳税担保人未缴纳的滞纳金同时强制执行。个人及其所抚养家属维持生活必需的住房和用品，不在强制执行措施的范围之内。

（2）强制执行的实施。为了规范税收强制执行中抵税财物的拍卖、变卖行为，保障国家税收收入，保护纳税人的合法权益，国家税务总局于2005年5月24日以国家税务总局令的形式发布了《抵税财物拍卖、变卖试行办法》，这一试行办法自

2005年7月1日起开始施行。

抵税财物，是指被税务机关依法实施税收强制执行而扣押、查封或者按照规定应强制执行的已设置纳税担保物权的商品、货物、其他财产或者财产权利。拍卖，是指税务机关将抵税财物依法委托拍卖机构，以公开竞价的形式，将特定财物转让给最高应价者的买卖方式。变卖，是指税务机关将抵税财物委托商业企业代为销售、责令纳税人限期处理或由税务机关变价处理的买卖方式。国家税务总局发布的《抵税财物拍卖、变卖试行办法》对抵税财物的拍卖与变卖行为进行规范，以保障国家税收收入、保护纳税人的合法权益。

第一，适用拍卖、变卖的情形。适用拍卖、变卖的情形包括六个方面：①采取税收保全措施后，限期期满仍然未缴纳税款的；②设置纳税担保后，限期期满仍然未缴纳所担保税款的；③逾期不按规定履行税务处理决定的；④逾期不按规定履行复议决定的；⑤逾期不按规定履行税务行政处罚决定的；⑥其他经责令限期缴纳，逾期仍然未缴纳税款的。

第二，拍卖、变卖执行的原则与顺序。税务机关按照拍卖优先的原则拍卖、变卖抵税财物。抵税财物按以下顺序拍卖与变卖：①委托依法成立的拍卖机构拍卖；②无法委托拍卖或者不适于拍卖的，可以委托当地商业或企业代为销售，或者责令被执行人限期处理；③无法委托商业企业销售，被执行人也无法处理的，由税务机关变价处理。

国家禁止自由买卖的商品、货物、其他财产，应该交由有关单位按照国家规定的价格收购。

拍卖、变卖抵税财物时，应该通知被执行人到场；被执行人未到场的，不影响执行。税务机关与工作人员不得参与被拍卖或者变卖商品、货物或者其他财产的竞买或收购，也不得委托他人为其竞买或收购。

拍卖或者变卖所得抵缴税款、滞纳金、罚款，以及扣押、查封、保管、拍卖、变卖等费用后，剩余部分应该在3日内退还被执行人。

税务机关滥用职权，违法采取强制执行措施，或者采取强制执行措施不当，使纳税人、扣缴义务人或者纳税担保人的合法权益遭受损失的，税务机关应该依法承担赔偿责任。

（三）税款征收的其他规定

为保证税款的顺利征收，除税务机关根据法定情形可以实施的税款征收措施外，《中华人民共和国税收征收管理法》还围绕税款征收做了一些其他相关的规定。

1.税收优先权

税收优先权表现在三个方面：①税务机关征收税款，税收优先于无担保债权（法律另有规定的除外）；②纳税人欠缴的税款发生在纳税人以其财产设定抵押、质押或者纳税人的财产被留置之前的，税收应该先于抵押权、质权和留置权执行；③纳税人欠缴税款，同时又被行政机关决定处以罚款、没收违法所得的，税收优先于罚款、没收违法所得。

2.税收代位权与撤销权

为防止欠税的纳税人借债权债务关系逃避纳税，《中华人民共和国税收征收管理法》引入了《中华人民共和国合同法》中的代位权与撤销权概念，规定欠缴税款的纳税人因怠于行使其到期债权，或者放弃到期债权，或者无偿转让财产，或者以明显不合理的低价转让财产而受让人知道该情形，对国家税收造成损害的，税务机关可以依照《中华人民共和国合同法》的规定行使代位权、撤销权。欠缴税款的纳税人怠于行使其到期债权，对国家税收造成损害的，税务机关可以向法院请求以自己的名义代位行使纳税人的债权，但是该债权专属于纳税人自身的除外。欠缴税款的纳税人放弃其到期债权或者无偿转让其财产，对国家税收造成损害的，税务机关可以请求法院撤销纳税人的行为。欠缴税款的纳税人以明显不合理的低价转让财产，对国家税收造成损害的，并且受让人知道该情形的，税务机关也可以请求法院撤销纳税人的行为。

3.税款的追缴与退还

为体现税收法定原则，对纳税人多缴的税款要予以退还，对纳税人少缴的税款要进行追缴。但是为维护税收秩序的稳定，防止无限期地追索可能带来的工作量的巨大增长与证据的难以取得，法律对退还税款和追缴税款都做出了时间上的限制。

（1）纳税人超过应纳税额缴纳的税款，税务机关发现后应该立即退还；纳税人自结算缴纳税款之日起3年内发现的，可以向税务机关要求退还多缴的税款并且加算银行同期存款利息，税务机关及时查实后应该立即退还；如果涉及从国库中退库的，依照法律、行政法规有关国库管理的规定进行退还。

税务机关发现纳税人多缴税款的，应该自发现之日起10日内办理退还手续；纳税人发现多缴税款，要求退还的，税务机关应该自接到纳税人退还申请之日起30日内查实，并且办理退还手续。加算银行同期存款利息的多缴税款退税，不包括依法预缴税款形成的结算退税、出口退税和各种减免退税。退税利息按照税务机关办理退税手续当天的中国人民银行规定的活期存款利率计算。

（2）因税务机关的责任，致使纳税人、扣缴义务人未缴或者少缴税款的，税务机关在3年内可以要求纳税人、扣缴义务人补缴税款，但是不得再加收滞纳金。因纳税人、扣缴义务人计算错误等失误，未缴或者少缴税款的，税务机关在3年内可以追征税款、滞纳金。但是对有特殊情况的，追征期可以延长到5年。所谓"特殊情况"，是指纳税人或者扣缴义务人因计算错误等失误，未缴或者少缴、未扣或者少扣、未收或者少收税款，累计数额在10万元以上的。补缴和追征税款、滞纳金的期限，自纳税人、扣缴义务人应缴未缴或者少缴税款之日起开始计算。

对偷税、抗税、骗税的，税务机关追征其未缴或者少缴的税款、滞纳金或者所骗取的税款，不受上述规定期限的限制，即税务机关可以无限期追征。

（3）应退税款与欠缴税款的相互抵扣。在规定的期限内，纳税人多缴税款应该予以退还，少缴税款应该补缴。在纳税人既有多缴税款也有欠缴税款的情况下，允许多缴税款与少缴税款相互抵扣，既不失公平，效率又比较高。所以，《中华人民共和国税收征收管理法》规定，当纳税人既有应退税款又有欠缴税款的，税务机关可以将应退税款和利息先抵扣欠缴税款，如果抵扣后有余额的，要退还给纳税人。

4.纳税人涉税事项公告与报告

（1）县及县以上税务机关应该定期在办税场所或者广播、电视、报纸、期刊、网络等新闻媒体上公告纳税人的欠缴税款情况。

（2）欠缴税款数额较大（5万元以上）的纳税人在处分其不动产或者大额资产之前，应该向税务机关报告。

（3）纳税人有欠税情形而以其财产设定抵押、质押的，应该向抵押权人、质权人说明其欠税情况。抵押权人、质权人可以要求税务机关提供有关的欠税情况。

（4）纳税人有合并、分立情形的，应该向税务机关报告，并依法缴清税款。纳税人合并时未缴清税款的，应该由合并后的纳税人继续履行未履行的纳税义务；纳税人分立时未缴清税款的，分立后的纳税人对未履行的纳税义务应该承担连带责任。

（5）发包人或者出租人应该自发包或者出租之日起30日内将承包人或者承租人的有关情况向主管税务机关报告。发包人或者出租人不报告的，发包人或者出租人与承包人或者承租人承担纳税连带责任。

第三节　税务检查及行政复议

一、税务检查

税务检查又称纳税检查，是指税务机关根据税收法律、行政法规的规定，对纳税人、扣缴义务人履行纳税义务、扣缴义务及其他有关税务事项进行审查、核实、监督的总称。它是税收征收管理工作的一项重要内容，是确保国家财政收入和税收法律法规得以贯彻落实的重要手段。

（一）税务检查形式

1.纳税企业自查

纳税企业自查是税务机关会同主管部门，组织纳税单位的财务人员按照税务机关的税务检查要求进行自我检查的一种形式。企业的税务代理机构对企业进行的检查也属于企业自查的范围。

纳税企业自查这种检查形式有很多优点，其主要优点为：纳税人对自己的情况熟悉，容易发现问题，检查内容广、耗时少、收效快。除此之外，还可以增强纳税人的自觉性和弥补税务机关查账力量的不足。这种检查形式的缺点是：税务机关组织指导的工作难度大，要求高，稍有疏忽，检查就会流于形式，查得不深不透，出现走过场的现象。特别是受纳税人自身利益的制约，对于一些深层次的问题，纳税人是不愿暴露出来的。

2.税务专业检查

税务专业检查是由税务机关组织力量进行的检查。税务专业检查是税务检查的主要形式，它主要包括以下这三种检查形式：

（1）日常检查。日常检查是指税务机关在事前没有任何线索的情况下，按照检查计划的要求，对纳税人普遍进行的一种检查形式。它是税务机关对纳税人加强日常监督的一种重要措施。

（2）专案检查。专案检查是指税务机关在事先掌握了纳税人偷税线索的情况下，有目的、有重点地只对某一特定纳税人所进行的一种检查形式。这种检查，一般是在接到检举和举报的情况下所进行的税务检查，针对性比较强，效果比较好。

（3）联合检查。联合检查是各级政府组织税务机关和其他机关协同配合、联合进行的一种检查形式。

（二）税务检查职责

1.税务检查的事项

税务机关在进行税务检查时，有权进行下列事宜的检查：

（1）检查纳税人的账簿、记账凭证、报表与相关资料，检查扣缴义务人代扣代缴、代收代缴税款账簿、记账凭证和相关资料。

（2）到纳税人生产、经营场所和货物存放地检查纳税人应纳税的商品、货物或者其他财产；检查扣缴义务人与代扣代缴、代收代缴税款相关的经营情况。

（3）责成纳税人、扣缴义务人提供与纳税或者代扣代缴、代收代缴税款相关的文件、证明材料和相关资料。

（4）询问纳税人、扣缴义务人与纳税或者代扣代缴、代收代缴税款相关的问题和情况。

（5）到车站、码头、机场、邮政企业及其分支机构检查纳税人托运、邮寄应纳税商品、货物或者其他财产的相关单据、凭证和相关资料。

（6）经县以上税务局（分局）局长批准，凭全国统一格式的检查存款账户许可证明，查询从事生产、经营的纳税人、扣缴义务人在银行或其他金融机构的存款账户。税务机关在调查税收违法案件时，经设区的市、自治州以上税务局（分局）局长批准，可以查询案件涉嫌人员储蓄存款。税务机关在查询中所获得的资料，不得用于税收以外的其他用途。

2.税务检查的其他规定

（1）税务机关对从事生产、经营的纳税人以前纳税期的纳税情况依法进行税务检查时，发现纳税人有逃避纳税义务行为，并有明显的转移、隐匿其应纳税的商品、货物及其他财产或者应纳税收入的迹象的，可以按法定批准权限采取税收保全措施或者强制执行措施。

（2）税务机关依法进行税务检查时，有权向有关单位和个人调查纳税人、扣缴义务人和其他当事人与纳税或者代扣代缴、代收代缴税款相关的情况，有关单位和个人有义务向税务机关如实提供有关资料与证明材料。

（3）税务机关调查税务违法案件时，对与案件有关的情况和资料，可以进行记录、录音、录像、照相和复制。

（4）税务机关派出的人员进行税务检查时，应该出示税务检查证和税务检查通知书，并且有责任为被检查人保守秘密。

（5）税务机关检查纳税人账簿、记账凭证、报表和有关资料，检查扣缴义务人代收代缴税款账簿、记账凭证和有关资料时，可以在纳税人、扣缴义务人的业务场所进行。如有必要，经县以上税务局（分局）局长批准，可以将纳税人、扣缴义务人以前会计年度的账簿、记账凭证、报表和其他相关资料调回税务机关检查，但是税务机关必须向纳税人、扣缴义务人开付清单，并在3个月内完整退还。如有特殊情况的，经设区的市、自治州以上税务局局长批准，税务机关可以将纳税人、扣缴义务人当年的账簿、记账凭证、报表和其他有关资料调回检查，但是税务机关必须在30日内退还给纳税人、扣缴义务人。

二、税务行政复议

税务行政复议，是指纳税人和其他税务当事人对税务机关的税务行政行为不服，依法向上级税务机关提出申诉，请求上一级税务机关对原具体行政行为的合理性、合法性作出审议，复议机关依法对原行政行为的合理性、合法性作出裁决的行政活动。实行上，税务行政复议的目的是维护和监督税务机关依法行使税收执法权，防止和纠正违法或者不当的税务具体行政行为发生，以保护纳税人和其他当事人的合法权益。

（一）税务行政复议范围

纳税人与其他当事人（简称申请人）认为税务机关（简称被申请人）的具体行政行为侵犯其合法权益的，可依法向税务行政复议机关申请行政复议。税务行政复议机关（简称复议机关），是指依法受理行政复议申请，对具体行政行为进行审查，并且作出行政复议决定的税务机关。

申请人对下列具体行政行为不服，可以提出行政复议申请：

（1）税务机关作出的征税行为，包括确认纳税主体、征税对象、征税范围、减税、免税、退税、抵扣税款、适用税率、计税依据、纳税环节、纳税期限、纳税地点和税款征收方式等具体行政行为；征收税款、加收滞纳金，扣缴义务人、受税务机关委托的单位和个人作出的代扣代缴、代收代缴、代征行为等。

（2）行政许可、行政审批行为。

（3）发票管理行为，包括发售、收缴、代开发票等。

（4）税收保全措施、强制执行措施。

（5）税务机关作出的行政处罚行为：①罚款；②没收财物和违法所得；③停止出口退税权。

（6）税务机关不依法履行下列职责的行为：①颁发税务登记证；②开具、出具完税凭证、外出经营活动税收管理证明；③行政赔偿；④行政奖励；⑤其他不依法履行职责的行为。

（7）资格认定行为。

（8）不依法确认纳税担保行为。

（9）政府信息公开工作中的具体行政行为。

（10）纳税信用等级评定行为。

（11）通知出入境管理机关阻止出境行为。

（12）其他具体行政行为。

（二）税务行政复议管辖

1.复议管辖一般规定

（1）对各级国家税务局的具体行政行为不服的，向其上一级国家税务局申请行政复议。

（2）对各级地方税务局的具体行政行为不服的，可以选择向其上一级地方税务局或者该税务局的本级人民政府申请行政复议。

（3）省、自治区、直辖市人民代表大会及其常务委员会、人民政府对地方税务局的行政复议管辖另有规定的，从其规定。

（4）对国家税务总局的具体行政行为不服的，可以向向国家税务总局申请行政复议。对行政复议决定不服，申请人可以向人民法院提起行政诉讼，也可以向国务院申请裁决。以国务院的裁决为最终裁决。

2.复议管辖特殊规定

对下列税务机关的具体行政行为不服的，按照下列规定申请行政复议。

（1）对计划单列市税务局的具体行政行为不服的，向省税务局申请行政复议。

（2）对税务所（分局）、各级税务局稽查局的具体行政行为不服的，向其所属税务局申请行政复议。

（3）对两个以上税务机关共同作出的具体行政行为不服的，向共同上一级税务机关申请行政复议；对税务机关与其他行政机关共同作出的具体行政行为不服的，向其共同上一级行政机关申请行政复议。

（4）对被撤销的税务机关在撤销以前所作出的具体行政行为不服的，向继续行使其职权的税务机关的上一级税务机关申请行政复议。

（5）对税务机关作出逾期不缴纳罚款加处罚款决定不服的，向作出行政处罚决定的税务机关申请行政复议。但是对已处罚款和加处罚款都不服的，一并向作出行政处罚决定的税务机关的上一级税务机关申请行政复议。

（三）税务行政复议申请与受理

1.税务行政复议申请

申请人可以在知道税务机关作出具体行政行为之日起60日内提出行政复议申请。因不可抗力或者被申请人设置障碍等原因而耽误法定申请期限的，申请期限的计算应该扣除被耽误的时间。

申请人按照前述规定申请行政复议的，必须依照税务机关根据法律、法规确定的税额、期限，先行缴纳或者解缴税款和滞纳金，或者提供相应的担保，才可以在缴清税款和滞纳金以后，或者所提供的担保在得到具体行政行为的税务机关确认之日起60日内提出行政复议申请。

申请人对税务机关作出逾期不缴纳罚款加处罚款的决定不服的，应该先缴纳罚款和加处罚款，再申请行政复议。

申请人申请行政复议，可以书面申请，也可以口头申请。书面申请的，可以采取当面递交、邮寄、传真或者电子邮件等方式提出行政复议申请。口头申请的，复议机关应该当场制作行政复议申请笔录，交申请人核对或者向申请人宣读，并且由申请人确认。

2.税务行政复议受理

复议机关收到行政复议申请以后，应该在5日内审查，并决定是否受理。对不符合规定的行政复议申请，决定不予受理的，应书面告知申请人；对不属于本机关受理的行政复议申请，应该告知申请人向有关行政复议机关提出。行政复议机关收到行政复议申请以后未按照规定期限审查，并且作出不予受理决定的，可以视为受理。

对符合规定的行政复议申请，自复议机关收到之日起即为受理。受理行政复议申请，应该书面告知申请人。

对应该先向行政复议机关申请行政复议，对行政复议决定不服再向人民法院提起行政诉讼的具体行政行为，行政复议机关决定不予受理或者受理以后超过行政复议期限不作答复的，申请人可以自收到不予受理决定书之日起或者行政复议期满之日起15日内，依法向人民法院提起行政诉讼。

（四）税务行政复议审查与决定

1.税务行政复议审查

行政复议机关应该自受理行政复议申请之日起7日内，将行政复议申请书副本或者行政复议申请笔录复印件发送被申请人。被申请人应该自收到申请书副本或者申请笔录复印件之日起10日内提出书面答复，并提交当初作出具体行政行为的证据、依据和其他相关材料。

对国家税务总局的具体行政行为不服申请行政复议的案件，由原承办具体行政行为的相关机构向行政复议机构提出书面答复，并提交当初作出具体行政行为的证据、依据和其他有关材料。

行政复议原则上采用书面审查的办法，但是申请人提出要求或者行政复议机关认为有必要时，应该听取申请人、被申请人和第三人的意见，并可以向有关组织和人员了解调查相关情况。

对重大、复杂的案件，申请人提出要求或者行政复议机关认为必要时，可以采取听证的方式进行审理。

行政复议机关应该全面审查被申请人的具体行政行为所依据的事实证据、法律程序、法律依据和设定的权利义务内容的合法性、适当性。

申请人在申请行政复议时，依据《税务行政复议规则》规定一并提出对有关规定审查申请的，行政复议机关对该规定有权处理的，应该在30日内依法处理；无权处理的，应该在7日内按照法定程序逐级转送有权处理的行政机关依法处理，有权处理的行政机关应该在60日内依法处理。在处理期间，要中止对具体行政行为的审查。

行政复议机关审查被申请人的具体行政行为时，认为其依据不合法，本机关有权处理的，应该在30日内依法处理；无权处理的，应该在7日内按照法定程序逐级转送有权处理的国家机关依法处理。在处理期间，要中止对具体行政行为的审查。

2.税务行政复议决定

行政复议机关应该对被申请人的具体行政行为提出审查意见，经行政复议机关负责人批准，按照下列规定作出行政复议决定：

（1）具体行政行为认定事实清楚、证据确凿，适用依据正确、程序合法、内容适当的，决定维持原来的决定。

（2）被申请人不履行法定职责的，决定其在一定期限内履行。

（3）具体行政行为有下列情形之一的，决定撤销、变更或者确认该具体行政行为违法：①主要事实不清、证据不足的；②适用依据错误的；③违反法定程序的；④超越职权或者滥用职权的；⑤具体行政行为明显不当的。

决定撤销或者确认该具体行政行为违法的，可以责令被申请人在一定期限内重新作出具体行政行为。行政复议机关责令被申请人重新作出具体行政行为的，被申请人不得以同一事实和理由作出与原具体行政行为相同或者基本相同的具体行政行为。不过，行政复议机关以原具体行政行为违反法定程序决定撤销的，被申请人重新作出具体行政行为的除外。

在申请行政复议时，申请人可以一并提出行政赔偿请求。行政复议机关对符合国家赔偿规定应该赔偿的，在决定撤销、变更具体行政行为或者确认具体行政行为违法时，应该同时决定被申请人依法赔偿。

在申请行政复议时，申请人没有提出行政赔偿请求的，行政复议机关在依法决定撤销、变更原具体行政行为确定的税款、滞纳金、罚款和对财产的扣押、查封等强制措施时，应该同时责令被申请人退还税款、滞纳金和罚款，解除对财产的扣押、查封等强制措施，或者赔偿相应的价款。

行政复议机关应该自受理申请之日起60日内作出行政复议决定。因情况比较复杂，不能在规定期限内作出行政复议决定的，经行政复议机关负责人批准，可以进行适当的延期，并告知申请人和被申请人，但是延期不得超过30日。

行政复议机关作出行政复议决定，应该制作行政复议决定书，并加盖行政复议机关印章。行政复议决定书一经送达，即发生法律效力。

第四节　现代事业单位财政税收管理的措施

事业单位不同于企业，其财政税收具有一定的特殊性，相对复杂一些。由于一直以来，对于事业单位的考核都是以公益和服务内容为主，对事业单位创造的经济效益和资金投入回报没有较高的要求。这也使当前事业单位财政税收具有一定的隐蔽性和分散性特点。而在实施时，它又使得出多样性和复杂性的特点。因此，对于事业单位的税收征管难度较大。近年来，随着事业单位的改革不断深入，经济发展越来越完善，这也使财政资金的补助越来越少。这对事业单位的分配制度产生了较大的影响，因此需要积极应对事业单位财政税收中存在的问题，全面提升事业单位财政税收管理水平。

一、事业单位财政税收管理的现状

（一）纳税工作缺乏规范性

目前，在事业单位在发展过程中，普遍缺乏纳税意识且对税收的理解不够深入。这导致了在实际工作中不能严格按照国家的税收规章制度做好各项工作，纳税工作欠缺规范性，从而严重影响了事业单位财政税收工作的顺利开展。

（二）票据管理存在漏洞

完整的票据是确保事业单位财政税收信息准确性的一个重要的依据，但是由于一些事业单位会计管理制度不健全，票据管理工作中存在许多问题，容易出现票据遗漏或是缺失的情况。与此同时，部分事业单位领导对于票据管理不够重视，这也导致票据管理中存在较多的漏洞、和不规范之处，票据管理制度形同虚设，无法发挥其重要职能，从而对财政税收工作的开展产生了较大的影响。

（三）预算管理水平不高

预算管理水平的高低直接受预算管理理念的影响，当前大部分事业单位预算管理理念相对落后，再加之预算管理模式不先进，无法构建起完善的预算管理体系。在实际发展过程中，事业单位并没有结合自身的实际情况来制定与自身相符的预算管理机制，导致预算执行过程中存在很多问题，从而对事业单位各项工作的有序开展产生了较大的影响。

（四）监督体系不完整

当前，对事业单位财政税收方面的监管较为松散，不仅缺乏专门的监督部门，而且监督制度也得不到有效执行。大部分事业单位财政税收监督缺乏长期性和动态性，仅是以专项检查的方法进行监督，且没有完善的监督方案，群众和社会媒体更是无法有效地地发挥它们的监督作用。

二、加强事业单位财政税收管理的措施

(一) 提高税收缴纳的规范性

事业单位都有依法纳税的义务，在进行财政税收工作时，都应该提高税收缴纳的规范性。税务机关应该到事业单位进行纳税宣传，必要时加大宣传的力度，在不断的宣传过程中增强事业单位的纳税意识。与此同时，事业单位也应该对纳税宣传做出积极的回应，组织相关人员积极学习与国家税收相关的法律规章制度，提高事业单位在财政税收工作上的合理性和合法性，严格按照规定要求进行税务的缴纳。

(二) 加大财政税收票据管理的力度

高度重视财政税收票据管理，积极推进事业单位分类改革工作，不断细化事业单位票务工作的职责，以避免票据管理混乱或重复等问题的出现。同时，需提高财务会计人员对票据管理工作重要性的认识，按照现行票据管理办法与相关规定，积极开展教育培训活动，全面提升财务会计人员的专业技能，鼓励员工系统学习财政税收规范与要求，及时了解财政税收与票据管理的相关规定，从而认识到票据管理工作在促进事业单位有序发展中所具有的积极作用。

事业单位在发展过程中，还要重视固定资产管理工作，对固定资产的使用费、修理费，以及有偿转让固定资产收入等进行严格管理。固定资产管理要严格遵守国家与有关部门为事业单位税收管理所颁布的明文规定，避免在税前扣除计提的修购基金，并及时在单位所得税申请报表中补充此内容，以确保事业单位的财政税收票据管理工作的规范性和有效性。

(三) 构建完善的预算管理体系

在现代事业单位发展过程中，需要树立先进的预算管理理念，预算人员需要加大对预算管理工作的重视力度，并且不断注入新的元素，以促使预算管理水平的提升。与此同时，还要积极结合实际情况，创新预算管理模式，有效规避风险，营造良好的环境，实现全面预算管理，优化整合财政资金，以实现财政资金的高效利用。预算管理水平的提升离不开完善的预算管理机制，通过建立健全预算管理机制，才能掌握市场经济变化情况，使资金预算能够有据可依。在具体制定预算管理制度时，需要以市场经济变化情况为基础，并结合自身的实际水平，重视先进预算管理经验的吸收和借鉴，以确保制定的事业单位预算管理制度符合事业单位发展现状。

除此之外，还要对预算目标进行细化，确保每个部门都能够严格按照预算目标执行，并且对实施中出现的问题及时解决。另外，还要尽可能对预算审批流程

进行优化设计，全面提高预算管理工作的效率，以确保预算目标的顺利实施。

（四）建立健全监督机制

为保证事业单位财政税收工作高效运行，必须建立健全监督体系，应将内部监督与外部监督相结合。事业单位应该设立专门的监督管理机构，缩短审核与检查的周期，形成相互监督与自我监督相结合的形式，以提高财政税收工作效率。预算编制应该由财务部门提交各部门进行详细审核与纠错，然后由领导层签字确认才能执行。事业单位应将纳税信息与相关的财务报表及时进行公开，接受群众的审查与建议，对群众提出的具有建设性的意见予以采纳。通过强化内部监督和外部监督，可以进一步提高事业单位财政税收管理工作的水平。

在当前市场经济环境下，事业单位在促进经济发展中发挥着越来越重要的作用，这也使财政税收问题不断凸显出来。因此，需要加大财政税收管理力度，积极构建完善的预算管理体系，提升财政税收管理机制的规范化、科学化水平，从而为事业单位财政税收工作的有序开展奠定坚实的基础。

第五章　新形势下事业单位信息系统控制与信息化内部控制体系

第一节　信息系统控制的目标和内容

　　信息系统一般是指单位利用计算机和通信技术，以处理信息流为基本目的，用以完成业务辅助处理和过程控制的信息化管理平台。在信息技术广泛应用的时代，各类组织越来越依赖信息系统提升工作效率和加强内部控制，但由于信息系统本身具有复杂性和高风险的特性，所以单位在获得信息系统带来便利的同时，也必须承担信息系统所带来的各种风险。在这种情况下，只有做好信息系统的内部控制才能确保系统的有效利用，促进事业目标的实现。

　　信息系统内部控制的主要对象是信息系统，信息系统由计算机硬件、软件、人员、信息流和运行规程等要素组成。信息系统内部控制的目的主要包含以下两点：

　　（1）促进单位有效实施内部控制，提高单位现代化管理水平，减少人为操纵因素。

　　（2）增强信息系统的安全性、可靠性和合理性，以及相关信息的保密性、完整性和可用性，为建立有效的信息沟通机制提供支持保障。

　　信息系统内部控制以及利用信息系统实施内部控制面临诸多风险，例如，信息系统缺乏规划规划不合理，可能造成信息孤岛或重复建设，导致管理效率低下；系统开发不符合内部控制的要求，授权管理不当，可能导致无法利用信息技术实施有效控制；系统运行维护和安全措施不到位，导致信息泄漏或毁损，系统无法正常运行。

　　财政部发布的《企业内部控制应用指引第18号——信息系统》从而使文件虽然是针对企业的信息系统内部控制应用指引，但是对事业单位信息系统的内部控制也具有一定的参考价值。单位应当从以下三个方面对信息系统进行控制：

一、信息系统的开发控制

对开发战略规划的制定、开发建设的流程进行控制，避免孤岛效应或重复建设以及授权管理不当等问题出现，使得系统无法有效利用，影响单位运行效率。

二、信息系统的运行与维护控制

在日常运行维护、系统变更和安全管理方面进行控制，避免因系统无法正常运行、安全措施不到位、系统变更随意等问题造成信息泄漏或毁损，达不到控制目标。

三、信息系统的终结控制

终结阶段的控制主要为了确保信息保管的安全，防止数据泄密。

第二节　信息系统的开发

单位根据发展战略和业务需要进行信息系统建设，主要需要在两个方面进行风险控制，一是战略规划，二是开发建设。

一、战略规划的控制

信息系统开发的战略规划是信息化建设的起点，战略规划是以单位发展战略为依据制定的信息化建设的全局性、长期性规划。

制定信息系统战略规划的主要风险有两点：

（1）缺乏战略规划或规划不合理，以及缺乏整体观念和整合意识，可能造成信息孤岛或重复建设，导致单位管理效率低下。

（2）如果没有将信息化与单位实际需求相结合，或者各个系统各自为政，就会削弱信息系统的协同效用，甚至引发系统冲突，导致信息系统应用价值的降低。

为此，可采取的主要控制措施有：①单位必须制定信息系统开发的战略规划和中长期发展计划，并在每年制定计划的同时制定年度信息系统建设计划，促进管理活动与信息系统的协调统一。②单位在制定信息化战略过程中，要充分调动和发挥信息系统归口管理部门与业务部门的积极性，使各部门广泛参与，充分沟通，以提高战略规划的科学性、前瞻性和适应性。③信息系统战略规划要与单位的组织架构、业务范围、地域分布、技术能力等相匹配，避免相互脱节。

二、开发建设的控制

信息系统的开发建设是信息系统生命周期中技术难度最大的环节。在开发建设环节，要将单位的业务流程、内控措施、权限配置、预警指标、核算方法等固化到信息系统中，因此，开发建设的好坏直接关系信息系统的成败。开发建设的方式主要包括自行开发、外购调试、业务外包等，每种方式都有各自的优缺点和适用条件，单位应根据自身实际情况合理选择。虽然信息系统的开发方式不同，但基本流程大体相似，通常包含项目计划、需求分析、系统设计、编程和测试、上线等环节。

（一）自行开发方式的关键控制点和主要控制措施

自行开发是单位自身完成整个开发过程。自行开发可较好地满足本单位的需求，尤其是具有特殊性的业务需求，但往往开发周期较长、技术水平和规范程度较难保证，成功率相对较低。

项目计划环节的主要风险是：信息系统建设缺乏项目计划或者计划不当，会导致项目进度滞后、费用超支、质量低下。

主要控制措施有：单位可根据信息系统建设整体规划提出分阶段项目的建设方案，明确建设目标、人员配备、职责分工、经费保障和进度安排等相关内容，并按照规定的权限和程序审批后实施；单位可以采用标准的项目管理软件（如Office Project）制定项目计划，并加以跟踪。在关键环节进行阶段性评审，保证过程可控；项目关键环节编制的文档应参照《GB8567-88计算机软件产品开发文件编制指南》等相关国家标准进行，以提高项目计划编制水平。

需求分析环节主要是明确信息系统需要实现哪些功能，这一环节的主要风险有：需求本身不合理，对信息系统提出的要求不符合业务处理和控制的需要；技术上不可行、经济上不符合成本效益原则，或者与国家有关法规制度冲突；不能真实、全面地表达单位需求，存在表述缺失、表述不一致甚至表述错误等问题。

主要控制措施包括：

1.开发需求

信息系统归口管理部门应组织有关部门提出开发需求，加强系统建设人员和有关部门人员的交流，提炼形成合理的需求。

2.编制表述清晰、表达准确的需求文档，准确表述系统建设的目标、功能和要求

单位应采用标准建模语言（例如UML），运用多种建模工具和表现手段，参照《GB8567-88计算机软件产品开发文件编制指南》等相关标准，提高系统需求

说明书的编写质量。

3.单位应建立健全需求评审和变更控制流程

系统正式设计前。应当评审其可行性，由需求提出人和编制人签字确认，并经业务部门与信息系统归口管理部门负责人审批。

系统设计环节中。应该将系统设计分成总体设计和详细设计，主要任务是设计出一个能在特定的计算机和网络环境中实现的方案，即建立信息系统的物理模型。这一环节的主要风险有：设计方案不能完全满足用户需求，不能实现需求文档规定的目标；设计方案不能有效控制建设开发成本，不能保证建设质量和进度；设计方案不全面，后续变更频繁；设计方案没有考虑信息系统建成后对单位内部控制的影响，导致系统运行后产生新风险。

主要控制措施包括：

（1）系统设计部门应当就总体设计方案对用户需求的覆盖情况与业务部门进行沟通，并对选定的设计方案予以书面确认。

（2）单位应参照《GB8567-88计算机软件产品开发文件编制指南》等相关国家标准，提高系统设计说明书的编写质量。

（3）单位应建立设计评审制度和设计变更控制流程。

（4）在系统设计时应当充分考虑建成后的控制环境，将业务流程、关键控制点和处理规程嵌入系统程序，实现手工环境下不能实现的控制功能。

（5）应当充分考虑信息系统环境下新的控制风险，如信息系统中的权限管理功能的使用。

（6）针对不同的数据输入方式，强化对进入系统数据的检查和校验功能。

（7）应考虑设置操作日志功能，确保操作的可审计性；对异常或者违背内部控制要求的交易和数据，应当设计设置由系统自动报告并跟踪处理的机制。

（8）对于必需的后台操作，应当加强管理，建立规范的操作流程，确保详细的日志记录，以保证对后台操作的可监控性。

编程和测试环节。编程阶段是将详细设计方案转换成某种计算机编程语言的过程。编程阶段完成之后进行测试，测试的目的主要是为了便于发现和改正错误，还可以对整个系统做出综合评价。这一环节的主要风险是：编程结果与设计不符；各程序员编程风格差异大，程序可读性差，导致后期维护困难，维护成本高；缺乏有效的程序版本控制，导致重复修改或修改不一致等问题；测试不充分，导致系统上线后出现各种严重问题。

主要控制措施包括：

（1）项目组应建立并执行严格的代码复查评审制度。

（2）项目组应建立并执行统一的编程规范，在标识符命名、程序注释等方面统一风格。

（3）应使用版本控制软件系统（例如 CVS），保证开发人员基于相同的组件环境，协调开发人员对程序的修改。

（4）应区分不同测试类型，建立严格的测试工作流程，提高用户参与度，加强测试分析，尽量采用自动测试工具提高测试工作的质量和效率。

系统上线是将开发出的系统（可执行的程序和关联的数据）部署到实际运行的计算机环境中，使信息系统按照用户需求来运转。这一环节的主要风险有：缺乏完整、可行的上线计划，导致系统上线混乱无序；人员培训不足，不能正确使用系统，导致业务处理错误，或者未能充分利用系统功能；初始数据准备设置不合格，导致新旧系统数据不一致、业务处理错误。

主要控制措施包括：

（1）单位应当制定信息系统上线计划，并经归口管理部门和用户部门审核批准。上线计划一般包括人员培训、数据准备、进度安排、应急预案等内容。

（2）涉及新旧系统切换的，应当在上线计划中明确应急预案，保证新系统失效时能够顺利切换回旧系统。

（3）涉及数据迁移的，应当制定详细的数据迁移计划，并对迁移结果进行测试。用户部门应当参与数据迁移过程，对迁移前后的数据予以书面确认。

（二）业务外包方式的关键控制点和主要控制措施

业务外包是指委托其他单位开发信息系统，一般由专业公司或科研机构负责开发、安装实施。业务外包方式可以充分利用专业公司的优势，节约人力资源成本，但也存在沟通成本高、开发出的信息系统与单位的期望产生较大偏差等。

在业务外包方式下，单位对系统设计、编程、测试环节的参与程度明显低于自行开发方式，因此可以适当简化相应的风险控制措施，但同时也因开发方式的差异产生一些新的风险，需要采取有针对性的控制措施。

选择外包服务商的主要风险是：单位与外包服务商之间因信息不对称容易诱发道德风险，外包服务商可能会实施损害单位利益的自利行为，如偷工减料、放松管理、信息泄密等。因此，单位在选择外包服务商时，要充分考虑服务商的市场信誉、服务能力、服务成功案例等因素，进行严格筛选；单位可以借助外包业界基准来判断外包服务商的综合实力；单位要严格外包服务审批及管控流程，原则上应采用公开招标等形式选择外包服务商，并实行集体决策审批。

签订外包合同的主要风险是：合同条款的不准确、不完善，可能导致单位的正当权益无法得到有效保障。

主要控制措施包括：

（1）在签约之前，应针对可能出现的各种风险，合理拟定合同条款，对涉及的工作目标、合作范围、责任划分、所有权归属、付款方式、违约赔偿及合约期限等问题做出详细说明，并由法律部门或法律顾问审查把关。

（2）开发过程中涉及商业秘密、敏感数据的，单位应当与外包服务商签订详细的"保密协定"，保证数据安全。

（3）在合同中约定付款事宜时，应当选择分期付款方式，尾款应当在系统运行一段时间并经评估验收后再行支付。

（4）应在合同条款中明确要求保持专业技术服务团队的稳定性。

跟踪服务过程的主要风险是：单位因缺乏跟踪评价机制或跟踪评价不到位，致服务质量不能满足单位信息系统开发需求。单位应当规范外包服务评价工作流程，明确相关部门的职责权限，建立外包服务质量评价体系，并定期对外包服务商进行考评，公布评估结果，实现跟踪评价。必要时，可以引入监理机制，降低外包服务风险。

（三）外购调试方式的关键控制点和主要控制措施

外购调试方式是指单位购买成熟的商品化软件，通过参数配置和二次开发满足需求。其优点是开发建设周期短，成功率较高，软件质量稳定，可靠性高。其缺点是难以满足单位的特殊需求，系统的后期升级进度受制于软件供应商产品更新换代的速度，单位自主权不强。在外购调试方式下，因单位要选择软件产品的供应商和服务供应商、签订合约、跟踪服务质量，因此可采用与委托开发方式类似的控制措施。另外，单位需要有针对性地强化某些控制措施。

软件产品选型和供应商选择。主要风险是：软件产品选型不当，无法满足单位需求；软件供应商选择不当，产品的支持服务能力不足，后续升级缺乏保障。

主要控制措施包括：

（1）单位应明确自身需求，对比分析市场上的成熟软件产品，合理选择软件产品的模块组合和版本。

（2）在软件产品选型时应广泛听取专家的意见。

（3）在选择软件产品和服务供应商时，不仅要评价其现有的功能和性能，还要考察其服务支持能力和后续产品的升级能力。

服务提供商选择。大型管理信息系统的外购实施，不仅需要选择合适的软件供应商和产品，也需要选择合适的咨询公司等服务提供商，以指导单位将通用软件产品与实际情况结合。服务提供商选择的主要风险是：服务提供商选择不当，削弱了外购产品的功能发挥，导致无法有效满足需求。

主要控制措施为：在选择服务提供商时，不仅要考核其对软件产品的熟悉、理解程度，也要考核其是否深刻理解单位的特点、是否理解单位的个性化需求、是否有过相同或相近的成功案例。

第三节　信息系统的运行与维护

信息系统的运行与维护主要包含三方面的内容：日常运行维护、系统变更和安全管理。

一、日常运行维护

日常运行维护的目标是保证系统正常运转，主要工作内容有系统的日常操作、日常巡检和维修、运行状态监控、异常事件的报告和处理等。这一环节的主要风险有：没有建立信息系统日常运行管理规范，计算机软硬件的内在隐患易于爆发，导致单位信息系统出错；没有执行例行检查，导致一些人为恶意攻击会长期隐藏在系统中，可能造成严重损失；系统数据未能定期备份，可能导致损坏后无法恢复，造成重大损失。

主要控制措施包括：

（1）应当制定信息系统使用操作程序、信息管理制度以及各模块子系统的具体操作规范，及时发现和解决系统运行中存在的问题，确保系统持续稳定运行。

（2）切实做好系统运行记录，尤其是对于系统运行不正常或无法运行的情况，应将异常现象、发生时间和可能的原因做出详细记录。

（3）应当重视在硬件方面的日常维护，由专人负责各种设备的保养与安全管理、故障的诊断与排除、易耗品的更换与安装等。

（4）配备专业人员负责处理运行中的突发事件，必要时应同开发人员或软硬件供应商共同解决。

二、系统变更

系统变更是为了更好地满足单位需求，主要包括硬件的升级扩容、软件的修改与升级等。这一环节的主要风险有：单位没有建立严格的变更申请、审批、执行、测试流程，导致系统随意变更；系统变更后的效果达不到预期目标。

主要控制措施包括：

（1）应当建立标准流程来实施和记录系统变更，保证变更过程得到适当的授权与管理层的批准，并对变更进行测试。变更应当严格按照管理流程进行操作，操作人员不得擅自进行软件的配置。

（2）系统变更程序（如软件升级）需要遵循与新系统开发项目同样的验证和

测试程序，必要时还应当进行额外测试。

（3）应当加强紧急变更的控制管理。

（4）应加强对变更移植到生产环境中的控制管理，包括系统访问授权控制、数据转换控制、用户培训等。

三、安全管理

安全管理是为了保障信息系统安全，保障硬件、软件和数据不因偶然因素和恶意行为而遭到破坏、更改和泄漏。这一环节的主要风险有：硬件设备分布物理范围广，设备种类繁多，安全管理难度大，可能导致设备生命周期短；业务部门信息安全意识薄弱，对系统和信息安全缺乏有效的监管手段，少数员工可能恶意或非恶意滥用系统资源，造成系统运行效率降低；对系统程序的缺陷或漏洞安全防护不够，导致遭受黑客攻击，造成信息泄露；对各种计算机病毒防范、清理不力，导致系统运行不稳定甚至瘫痪；缺乏对信息系统操作人员的严密监控，可能导致舞弊和利用计算机犯罪。

主要控制措施包括：

（1）应当建立信息系统相关资产的管理制度以及专门的电子设备管控制度，未经授权，不得接触。

（2）成立专门的信息系统安全管理机构，进行总体规划和全方位严格管理，强化全体员工的安全保密意识，进行安全保密培训，并签署安全保密协议，建立信息系统安全保密制度和泄密责任追究制度。

（3）按照国家相关法律法规以及信息安全技术标准，制定信息系统安全实施细则。

（4）有效利用IT技术手段，对硬件配置调整、软件参数修改严格控制。

（5）委托专业机构进行系统运行与维护管理的，应当严格审查其资质条件、市场声誉和信用状况等，并与其签订正式的服务合同和保密协议。

（6）采取安装安全软件等措施，防范信息系统受到病毒等恶意软件的感染和破坏。

（7）建立系统数据定期备份制度。

（8）建立信息系统开发、运行与维护等环节的岗位责任制度和不相容职务分离制度，防范利用计算机舞弊和犯罪。建立用户管理制度，加强对重要业务系统的访问权限管理，避免将不相容职责授予同一用户。采用密码控制等技术手段进行用户身份识别，定期对系统中的账号进行审核，避免存在授权不当或非授权账号。对于超级用户，单位应当严格规定其使用条件和操作程序，并对其操作全程进行监控或审计。

（9）应积极地定期对信息系统进行安全评估，及时发现系统安全问题并加以整改。

第四节 信息化内部控制体系

在《行政事业单位内部控制规范（试行）》（以下简称"规范"）中，内部控制是指"单位为实现控制目标，通过制定制度、实施措施和执行程序，对经济活动风险进行防范和管控"的工作中，其中"执行程序"这一步，可以理解为采用手工的方式或者通过信息化的手段。《规范》中明确规定，单位应当充分运用现代科学技术手段加强内部控制。因此，为有效实施内部控制，单位也要合理利用信息技术手段，构建单位的信息化内部控制体系。

单位信息化内部控制体系是指借助互联网等信息手段，将内部控制嵌入信息系统之中，实现单位内部控制的程序化和常态化，使各管理层级真正可以在线获得完整而实时的信息，以提高领导决策科学性和单位整体管理效能。信息化内控体系改变了传统内控体系的控制模式，有利于动员全体员工参与到内控体系中，最大限度地控制单位业务及其过程，提高信息的集成度、流转速度和透明度，避免不合理的人为控制，使事后控制模式向事前、事中、实时控制转变，从而有效地提高内控质量，实现内控目标。

理想的信息化内控体系应具有以下几方面特点或优势：

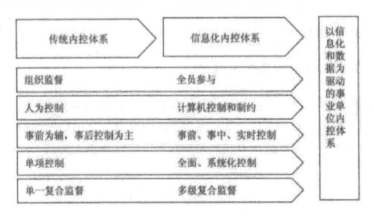

图 5-1 传统内控体系与信息化内控体系对比

一、更加体现控制的全面性和系统性

在信息化内控体系下，各项业务被全部纳入到控制范围，各业务全部在线完成。内部控制更重视控制链条中各个环节和要素的系统性，可以从更高层次整体把握内部控制的内涵。

二、实时控制，效率更高

在传统控制环境下，各项业务结束后，由专门的部门组织人员进行复核，以达到监督的目的，但这种方式对业务活动中出现的问题只能进行补救。而信息化条件为单位提供了一个信息实时传输的平台，单位可以通过信息系统的程序对业务流程进行控制，不会出现人为控制的舞弊、疏忽等弊端。

三、控制更加主动

传统控制环境下的内控方式，通过高层控制低层，上一层控制下一层来实现。信息化条件下，可以及时传递各种信息，每位员工处于一个高度透明的信息环境中，大大降低了信息不对称的程度，内部控制活动以自我控制为主。单位员工从例行的、机械性的工作中解脱出来，将更多的时间和精力投入到更具创造性的工作中。知识和信息高度共享，员工获得工作所需的信息和其他员工的有效支持，可以真正实现全员参与和自我控制。

四、控制更加协调

传统内部控制的等级明显，工作按照过程进行分解，然后通过命令和控制制度将其连接，指令往往自上向下逐级传达，此时内控多表现为管理制度、条例和操作规范等。而在信息化系统下，内部人员之间可以进行平等即时的协作和沟通，每一位员工都是内控网络上的决策点或节点，都可自觉地参与到控制活动中，系统内协调性明显增强。

五、多级复核保证信息准确

在信息化内控系统中，信息可以被随时存储和查询，信息使用时可以实现多级复核，相互牵制、相互复核。这种情况下，可充分发挥网络系统的数据实时传输和程序控制功能，通过异地复核和用户权限限制，避免人为录入过程中产生的错误和弊端，保证信息的准确和完整。

第六章 事业单位绩效考核管理创新之路

第一节 优化岗位布局设置

根据人事部《事业单位岗位设施管理试行办法》，事业单位要遵循按需设岗、竞聘上岗、按岗聘用、合同管理规则精简岗位，实现事业单位内部各个岗位的优化完善。

一、推行聘用制，实施岗位管理

事业单位聘用制指的是事业单位和工作人员签订聘用合同，对彼此责任、义务、权利等进行明确划分的人事管理制度。通过聘用制，事业单位用人机制和工作人员的关系从之前的身份管理转变为岗位管理，从行政任用关系转变为平等沟通的聘用关系。事业单位如果选择聘用制，就要明确人员结构比例、编制数额等，将公平、竞争、公正、择优等作为政府依法管理和个人自主择业基本标准。

事业单位岗位分为管理、专业技术、工勤技能等三类岗位，且每类岗位又分为不同的等级。

（一）管理岗位

在管理岗位设计中，事业单位要结合内部情况进行管理岗位等级的设置，比如设置正、副部级，正、副厅级，正、副处级，正、副科级，科员。

（二）专业技术岗位

专业技术岗位指的是负责技术的工作岗位，这些岗位需要任职人员具备一定的技术能力。事业单位岗位设置中，要明确专业技术岗位的数量、岗位要求和结构比例。在本文看来，事业单位专业技术岗位设置方面，要设置3个等级14个等次，详细内容参考下表6-1。具体而言，包括高级、中级和初级，其中高级包括正高级和副高级，正高级对应1到4级岗位，副高级对应5到7级岗位；中级对应8到10级岗位；初级对应11到13级岗位，其中国家专门设置最高专业技术级岗位，且对这一岗位的数量进行监控，人员任职要以国家相关规定和流程为准，2级和3级岗位人员由省级单位决定。

表6-1　专业技术岗位级等次结构图

专业技术岗位等级	专业技术职务名称			
1级	正高级			
2级				
3级				
4级				
5级		副高级		
6级				
7级				
8级			中级	
9级				
10级				
11级				初级
12级				
13级				

（三）工勤技能岗位

事业单位运作中，技术岗位是不可缺少的岗位之一，对技术工人的绩效考核也非常重要。其中一级技术工岗位等级和当下的事业单位工人技术等级相对应，具体而言，一级技术工岗位和高级技师、技师、高级工、中级工、初级工相对应；二级技术工岗位和普通工岗位相对应。此外，高级技术工通常享受更好的福利待遇，在某些情况下还能够获得更多的特殊津贴。

和发达国家对比，国内事业单位专业技术人员数量并不在少数，但是所创造的社会效益并不显著，据调查分析显示只达到了美国等发达国家一半。问题的成因有很多，比如体制的落后等。这需要改变传统的管理制度，调动每个专业技术人员工作创新性和主观能动性，推动其业绩的提升。事业单位执行聘用制主要目的是能够形成和市场经济发展规律相符合的人力资源管理模式，与员工签订合同，实现员工的制度化管理，进一步推动整体绩效的大幅提升。

一是事业单位选择聘用制，预示着事业单位长时间存在的人力资源能上不能下、能进不能出的局面得到彻底改善。按照聘用合同，事业单位和员工之间是平等沟通的关系，彼此以自愿为前提签订聘用合同，以合同的方式明确彼此的权利义务。

二是计划经济时代下事业单位应需而生，事业单位内部人才配置方式和人才发展规律存在矛盾，这导致了无法调动内部员工的工作热情，无法取得预期的工作绩效。聘用制最大的特点在于市场发挥决定作用。单位和个人都以市场配置为前提自愿选择，有利于人力资源的合理流动和科学配置。由此，事业单位内部所有员工都可以能进能出，能上能下，实现人尽其职，解决员工工作懈怠问题。

事业单位人事制度改革中，要更新人才管理理念和管理制度，吸引人才入驻，减少人才流失，实现人尽其职，全方面调动人才的主观能动性和工作热情，简言之，事业单位人事制度改革最基本环节在于选人和用人。岗位管理属于事业单位用人的基础性工作，这项工作贯穿在人事管理的每个流程中，是公开招聘、岗位考核、竞聘上岗、岗位培训、收入分配等的基础部分。事业单位选择聘用制度，做好岗位管理工作，首先需要科学设计岗位内容，此乃事业单位够贯彻人员聘用制度的入手点。

二、不断优化岗位管理体系

岗位管理中，组织中的岗位是管理对象，这就需要事业单位合理的设置、分析、描述、监控、评估岗位，要在做好岗位分析的基础上进行岗位管理。

人力资源管理体系的建立健全整体上包括四方面工作，从先到后分别是岗位分析、撰写岗位说明书、设计绩效管理体系、设计薪酬管理体系。在分析事业单位人力资源管理能力方面，会参考岗位说明书和其应用情况。岗位说明书是建立在岗位分析基础上形成的基础性文件，也是制定绩效方案的参考文件。一般情况下要根据岗位说明书，对企业整体发展战略进行逐步分解，进一步确定员工绩效目标。岗位说明书为岗位评价提供了依据，进行岗位评价之后，明确的岗位工资等级又为薪酬设计提供了依据。岗位绩效工资系数设计中，参考的基础依据是绩效考核结果，通过绩效考核，将岗位薪酬和岗位绩效工资相衔接。

分析和设置岗位、撰写岗位说明书是岗位管理的主要内容。岗位说明书为绩效管理提供了基本依据，两者之间的关系非常密切，具体而言，其关系包括如下四点：

第一，岗位说明书详细地阐述了岗位所承担的重要责任和行使的权利，它形成了直线经理和岗位任职人员和工作协议，对岗位任职员工行为进行了限制和规范，也解决了出现问题相互推诿等问题，有利于提高工作人员的办事效率。

第二，岗位说明书详细地界定了任职人员的岗位要求和工作范围，提出了岗位任职人员要具备的能力、技术、经验等，为直线经理对岗位任职人员的绩效考核计划的制定、绩效考核目标的改进等提供了依据。

第三，岗位说明书对岗位信息进行了详细阐述，也清晰界定了岗位任职人员的具体要求，有利于直线经理对岗位任职人员绩效的客观评价。

第四，岗位任职人员绩效评估结果，是证明岗位任职人员是否胜任工作岗位的最有力证据。

以岗位价值为基础的薪酬结构包括两大方面，岗位固定工资和岗位浮动工资。在众多岗位中，该岗位所处的层次决定了其固定工资。一般而言，要按照岗位说明书对岗位价值进行详细的分析，同时划分岗位职级。岗位浮动工资的界定方法，同样以岗位价值为基础界定的职级作为依据。这预示着岗位管理和薪酬管理之间形成了不可分割的关系。岗位工资折射出薪酬内部公平性。中国文化讲究"不患寡，而患不均"。在当前我国构建和谐社会的宏观政策要求下，要保证岗位和薪酬公平性，要求管理者能准确地评价岗位价值，并据此制定合理的薪酬和浮动标准。

岗位管理体系的合理性，要求将业务流程再造和职能分析置于重要的位置，并在此基础上进行流程优化，尤其是关注其中的关键点，以达到"纵短横宽、扁平柔化"管理的目的。这就要求相关的职能管理部门能跳脱传统管理方式，朝着导向型流程的角度转化，以达到精简管理过程，提高效率的目的。同时以"唯一性"的方式划分并梳理职能，进而给出横向、纵向调节管理职能的意见，达到消除交叉性、重叠性问题，推动管理职责全面提升；达到"上面有则下面无，上面无则下面有"目的，体现管理职能的合理、完整和有效。即：合乎成本效益的原则，消除存在的重复、冗余问题；实现全流程和职能的覆盖，规避缺漏、死角问题的存在；满足发展要求，并合乎内、外环境；有效满足各部门和不同层次的整合需求，维护组织架构在一定时期保持稳定，不会出现大的变化。

第二节 科学设计考核指标

一、要突出指标设计原则

（一）要与单位战略目标和组织结构相适应

一方面，只有对事业单位的战略方向和核心业务有了透彻的了解，才可以合理制定绩效考核指标。对考核指标进行层级化处理，按照组织层级进行部门分解，并作为部门考核重点。

另一方面，当事业单位所处的外部环境或自身内部环境产生了改变，要及时调整组织战略、结构以及战略目标，使之与事业单位的发展相符，与此同时，还要调整绩效考核指标和权重。所以，对事业单位来说，即使战略目标已经制定，也要按照不同的阶段进行定期审验，这样做的目的是为了保证指标的适用性、有效性。

（二）可完整反映关键环节

为了确保建成一个科学合理的绩效指标体系，就必须保证对部门的绩效水平进行科学的反映，使其能够准确地指出存在的问题和瑕疵。如果绩效指标体系不能准确地反映现实问题，那么这些问题，被忽视从而是影响整个组织的发展。此外，如果指标没有完整性，也会造成员工放松对自己的要求，从而无法实现整体最优目标，如果员工采取投机取巧的方式，只是表面上的提高局部指标，而实际工作的整体水平没有得不到提高，就会严重损害单位的利益。

比如：在考核高校导师所带研究生情况的时候，一般只是从数量入手，而忽略了对导师投入程度的考核，有些导师因此会忽视和学生之间的交流，也不会对研究生培养倾注太多的心思。

（三）应限制在可控范围内

只有在可控因素影响下，绩效考核的效结果才具备足够的科学性与可靠性。因此，判断绩效考核是否具有有效性的依据，就是判断其是否具有可控的范围。一般来说，能够影响工作绩效的因素有很多，它们往往会扭曲绩效考核的指标。不可控因素影响的作用越大，那么它的扭曲作用也就很大。这时不可控因素非常容易掩盖员工的成绩，也很难区分外在与主观因素的影响。在这种情况下，绩效考核指标就没有足够的可靠性。综上所述，要尽量地控制那些不可控因素，确保绩效考核指标的公平性与可靠性，确保能够真实地反映员工业绩，从而实现激励的目的。

二、分层次、分类别设计考核指标

对事业单位来讲，考核标准的制定首先要参考岗位职责，对考核内容的设计要确保其全面性、有效度；其次，还要参考定性和定量考核原则，对定性与定量考核的边界进行明确的划分，发挥两者的优势，以防可产生混淆。要保证在对员工工作进行考核的时候，不受数字化限制，也不受机械化的限制；再次，要保证可比性，也就是说，要确保不同的部门和岗位员工在进行绩效考核的时候，保证考核结果具有可比性。同时将平时考核和定期考核相结合，以提高其可靠性。

（一）瞄准单位目标

事业单位的发展战略以及重点业务即单位整体发展目标，子目标是由单位目标分解所得到的，它们将具体落实到不同的部门和不同的岗位，因此，单位的整体目标将细化到每个岗位上，岗位也就具有了明确的考核指标。通过考核指标完成率将个人目标以及部门目标与单位整体战略目标紧密联系起来。

（二）依据岗位职责

部门职责也是考核指标的一个重要的来源。部门职责主要包括以下几个方面：设立部门的缘由、部门权利义务、部门工作范围等。

工作分析是总结工作职责的重要途径。不同的部门都有各自需要完成的工作，这些工作按照轻重缓急可以分为必须做的工作、应该做的工作、适宜做的工作，对前两种工作类型来说，涵盖了以上的工作内容，因此，在经过提炼和加工以后，就形成了绝大多数的考核指标。对职能部门而言，考核日常管理以及业务支持等目标是很难在管理目标中进行直接的反应的，而是要具体体现在岗位职责中。比如说，在档案管理工作中，"档案文件资料管理必须符合规定"这样的指标若在岗位职责中进行体现就会是定性指标。同样的，对"文秘机要和会务管理必须准确到位"这样的指标也是一样的。

对于上述三种工作的划分以及绩效指标设置，都要要根据事业单位的类型、单位所处的阶段来定。比如说建立和完善业务流程、管理制度并指导实施，这份工作对于一个处于发展起始阶段的单位来说为必须是的工作。但是当单位的发展取得了一定的成效，单位的管理制度与业务流程逐渐发展成熟，这项工作就变成了应该做的工作，或者是适宜做的工作。此外，假如领导特别重视某个工作，或者对单位来说，某个工作环节比较薄弱，那么这份工作就会由适宜做的工作转变为应该做的工作，比如跟踪同类单位绩效考核指标就属于这一类工作。另外，有的工作还有可能从应该做的工作转变成必须做的工作，比如定期召开形势分析会议。

（三）满足上级及客户需求与期望

如果上级领导临时委派工作，那么这样的工作属于临时紧急性任务，下级需要配合上级做一些突发工作准备。同时有些工作可能要和其他部门充分交流，二者之间形成内部客户关系。此外，还有的工作需要做好接待，建立与政府、媒体和群众的公共关系，上述主体都是外部客户。在处理这些工作的时候，上级领导、单位、外部客户都会对工作有一定的要求，他们的期望则成为考核指标的重要来源。

三、明确并量化绩效考核指标

对绩效考核指标来讲，应该满足以下三个要求：首先，设置考核指标时，要充分的考虑到不同层次不同类型测试对象的差异性；其次，针对上述不同的测试对象，设置不同权重的评价指标；再次，需要充分考虑定性与定量分析指标的可比性。此外，还要充分的考虑到不同机构的不同的特点，以及他们的岗位职责不同，从而在"德""能""勤""绩""廉"等方面设置细化指标，并对每一个指标的考核进行详细的解说，防止理解偏差。综上所述，事业单位要对绩效考核指标进行细化处理，将其分为个性指标和共同指标，从而满足不同层次以及不同类型测试对象的需要，同时将定性与定量指标相结合建立指标体系，杜绝机械化。

在建立事业单位绩效考核指标体系的时候，不仅要参考国内学术界优秀的经验以及理论，并且还要根据本单位的实际工作以及特点进行主体内容的构建。

（一）工作业绩

工作业绩就是对工作计划的执行落实情况。它的优劣是根据单位年度工作纲要和实施细则以及单位近期工作安排与实际进展情况来判断的。

（二）部门工作能力

部门工作能力主要指部门员工整体的工作技能情况，还包括负责人能力。

（三）服务质量

事业单位的根本宗旨就是提供服务，但是不同的事业单位提供的服务内容以及质量是不一样的。对研究型事业单位来说，它的服务质量指的是科研技术水平，但是对于管理型单位来说，它的服务质量则指的是对其他部门提供的服务质量。

（四）群众满意度

为了测评事业单位对其他单位以及群众服务的工作落实情况，用群众满意度来进行衡量。此外，群众满意度也是衡量单位内部不同部门工作业绩的指标之一。

（五）工作时效和费效比

该项指标是为了衡量部门工作效率的，即考察部门能否在规定的时间内完成规定的任务，以及在工作落实的过程中花费以及收效之比。

（六）其他

绩效考核有时候还需要引入合理的否定性指标以及奖励性指标。对那些严重影响单位建设的指标，可以适当地提高考核力度，比如重大安全事故可以设置否定性指标。此外，还可以设置重大科研攻关指标以奖励部门或者是个人对单位做出突出贡献，比如年终奖励指标就属于这一类指标。

总之，以上所述的绩效考核指标体系属于一个普适性模式，如果单位需要根据自身发展与实际情况进行调整，可以对上述绩效考核指标体系进行进一步完善。

四、合理设置考核等级

合理设置考核等级的原则是：工作成果、组织效率。要按照组织战略的要求，合理设置工作行为以及成果考核等级，即使这样的等级可能比较复杂，也要保证每一项都足够明确。对绩效考核来说，它的原则只有以下两点：首先，是否遵循工作成果原则，也就是说能否提高工作成果；其次，能否提升组织效率。

如果能提高个人工作成果，一般来说，也是可以提高组织效率的。组织效率的定义比较宽泛，不仅包括公关能力、技术水平，也包括用户服务满意度。对个人工作成果的评价，必须建立在提高组织效率的基础之上，否则就不属于好的工作绩效。

（一）绩效考核标准

对员工绩效进行评价，要设置合理的评价标准。这样的标准，不仅要实现评价目的，同时还要为员工所接受。因此，我们在标准制定时应充分考虑到以下几点：

1.公正性、客观性

即制定评价标准时，要务必保证合理性和科学性，这样才能使绩效考核结果具有公正性和客观性。

2.具体性

即评价标准一定要足够清晰，不能存在模糊概念或者是歧义现象，要足够具体和明确，方便操作，便于量化处理。

3.可靠性和一致性

即评价标准要适用于所有同类员工，要对员工一视同仁，不可轻易改动，要让评价结果具备足够的可比性、可靠性。

4.民主性和透明性

即标准的制定须将各方民众的建议充分考虑在内。

（二）绩效考核等级

1.标准强度与频率

主要指评价等级的内容，各种规范行为或对象的程度或相对次数都包括在内，一般情况下评价均以此为主。

2.标号

指的是处于各种强度频率下的标记符号，一般标记为A、B、C、D等字母，或用甲、乙、丙、丁等汉字标记，有时还会使用到数字。但若将标号与所赋意义分离，那么标号也无法独立存在。

3.标度

即测量的单位标准，既包括类别、顺序、等距、比例尺度等，也包括现代数学的模糊集合、尺度等，无论是数量化的单位还是非数量化的标号都能拿来表示。总的来说，它是可定量与可定性的。作为评价等级的标准部门，它和评价的计量和计量体系紧密相关。

（三）绩效考核特征

就绩效考核而言，不同内容、标度与属性的等级之间并非独立存在的，而是彼此依存、互相补充且彼此牵制，从而构成一个有机整体，形成考核等级体系。通常来说，要想确保绩效评估标准的有效性，应当具备下述8个特征：

1.标准基于工作而非员工

工作自身是设置绩效评估标准与目标绩效评估标准的唯一依据，而无论执行这项工作的是谁。因此，每一项工作的绩效评估标准必须是唯一的，而不是专门为某一员设定的，它为于工作服务，并具有极大的挑战性。比如，即使很多老师属于同一教研室，负责同一课程的教学任务，他们在教学过程中所遵循的教学计划与大纲必须是统一。然而，针对每个老师，学校为其设定的目标可能有所差别，这往往与该老师自身的教学经验、知识能力与教学质量密切相关。

2.标准的可达性

事业单位绩效评估的项目往往在部门或员工自身的能力范围之中，部门或员工只要自身积极努力就能实现。

3.标准应为大家所熟知

无论是管理者还是员工必须准确把握绩效评估标准，如果员工缺乏对这些标准的认知，那么就不知道劲儿往哪儿使；如果管理层对这些标准意识模糊，那么员工的实际表现也自然无法得到公正衡量。

4.标准的制定应经多方协商

公平合理的标准必须是多方协商的结果，是事业单位领导和员工达成的共识，只有这样才能充分发挥其激励作用。在员工看来，这些标准是自身参与制定的，也就提高了恪守这些标准的意识。与此同时，他们清楚地明白，若自身无法达到标准，也会受到相应的惩处。

5.标准要求详细、具体，且具有可衡量性

管理界有名言云："凡是无法衡量的，就无法控制"。通过数据来反映绩效标准为最佳，通常遇到那些现象或态度相关的问题，由于比较抽象，自然不能实现客观衡量与对比。

6.标准的时间限制

绩效评估资料的获取应当具有定期性与及时性，否则一些评估也就没有了时效性，实用性也自然大大降低。

7.标准意义

绩效评估项目的设定必须与单位自身的战略目标相契合，一般性例行工作应该是其所用资料的主要来源，而并非那些特别准备的工作。

8.标准的灵活性

由于绩效评估标准必须具有可操作性，并且在实施前需获得必要的审批，因此一旦因工作要素有所变动，导致原来的指标体系与其发生矛盾时，应当对原有指标进行及时判断并进行适当调整，以适应实际情况相适应。

（四）绩效考核标准体系特征

完整性、协调性与比例性是绩效考核标准体系最为明显的三大特点。

1.要求完整

即所包含指标之间具有补充性，能取长补短，共同构建起一个有机的统一体，将标准体系的配套性特征充分体现出来。

2.具有良好协调性

即各类标准彼此衔接的合理程度，其直接影响到标准体系是否统一和谐。这一特征包括两大形式，即相关性的协调和延伸性的协调。

3.合理的比例

即各类标准彼此呈现出一定的数量比例关系，其直接影响到标准体系是否统一以及配比程度。

第三节　规范绩效考核方法

一、规范考核程序

事业单位绩效考核要从整体上多个层面展开。最为多见的考核方式包括雇员比较法与目标管理法。雇员比较法的考核思路在于经和其他雇员的绩效展开对比来确定某一雇员的绩效，这一成本无需花费太多财力、物力与人力，且具有较高的实用性。目标管理法的考核思路在于确定某一员工的具体工作目标，实现可投入时间与精力的最大化，进而融入重要组织目标的达成之中。在很多情况下，事业单位要结合现实情况确定绩效考核标准，保证考核结果的客观性，使其受到主观意识的影响较少。

绩效考核中，需要确定考核对象、考核目标、考核指标等。绩效考核指标通常包括特征性、行为性、结果性三种效标。第一种在于衡量员工属于何种人，主要考核其沟通能力、可行度、领导能力等自身特质；第二种对员工工作方式和工作行为进行考核；第三种对员工工作质量和工作内容展开考核。

所以，绩效考核方法的具体选择与设定必须考虑管理成本、工作实用性、工作适用性三大因素，要遵循以下四项原则：1、结果导向：成果的产出可衡量，以结果作为考核的主要依据。2、行为导向：在考核过程中，以被考核者的行为表现为主要依据。3、观察下属原则：观察下属员工在工作中的表现，并以此作为考核的依据。4、选择原则：当以上三种原则无法适用时，根据具体情况选择其他合适的考核方法。用品质特征作为导向考核方法，包含：图解式量表评价法、综合性合成法、考核中心法等原则。绩效管理包括：

（一）准备阶段

保证绩效管理系统顺畅运行的基础，其过程包括以下程序：

1.绩效管理参与确定；

2.考核方法的确定；

3.绩效考核要素和体系确定；

4.绩效管理运行程序要求的确定。

（二）实施阶段

信息的采集和资料的整合必须遵循以下标准：

1.所收集的材料最大限度地通过文字来证实全部行为；

2.对事件何时何地发生和何人参与做出清晰记录；

3.所采集的材料在描述员工的行为时尽可能对行为的过程、行为的环境和行为的结果作出说明；

4.汇集并整理原始记录，做好原始记录的保密工作。

（三）绩效考核阶段

作为绩效管理的核心所在，这一阶段与总体绩效管理系统运行与效果的优劣直接相关，而且与员工的切身利益密切相关。要想做好该阶段的工作，必须遵循以下原则：

1.增强绩效考核的精准性；

2.确保绩效考核公平公正，必须建立员工绩效评审系统和员工申诉系统作为重要支撑；

3.通过科学的面谈方式告知员工考核结果；

4.考核表格二次检验；

5.考核方法二次审核（由工作流程、适用性、真实服务效果三层面判断其与事业单位职责要求的契合度）。

（四）总结阶段

1.对事业单位绩效管理系统进行全方位诊断

需要从绩效诊断和分析的角度探索问题。同时，第一时间通知主管领导与相关员工，这样可以促进单位自身整体系统的顺畅运行。此外，这有助于员工增强自身素质与工作质量。各单位主管责无旁贷。

2.单位主管应履行职责

为体现建设性、支持性、指导性，单位每月或每季度应该举行相关的绩效管理总结会，但不包括人事晋升、薪资调整、绩效得分等问题。在年度绩效管理总结会中，要公而全年绩效考核结果，并以此作为晋升、调薪等依据反馈至员工，这样能充分展现绩效考核的激励作用，实现考核目标。

3.总结阶段工作

待考核任务完成后，由考核人员拟定相应的分析报告；并根据绩效诊断了解单位存在问题，编制相关的分析报告。在此基础上，制定下一期的培训、开发规划，和奖惩、激励方案。同时，对各方建议进行归总、整合。通过多次分析总结后，可以，适当调整单位绩效管理体系，达到改进管理机制、优化绩效指标和考核表格的目的。

（五）应用开发阶段

在这一阶段中主要是将考核结果应用到员工培训、岗位调动和薪酬调整等方面。另外，事业单位还需要开发绩效管理系统，并且在开发过程中，要考虑到绩效评审系统和员工申诉系统，让员工能够对绩效考核结果进行反馈。

1.绩效评审系统功能

对相关部门组织员工开展绩效考核工作的效率与效果进行考核；就绩效考核所面临的重点问题展开专项探究，由此来寻找解决策略；除此之外，复审复查员工考核结果的工作不可或缺，因为事关考核结果是否公平公正。一旦发现争议颇多的考核结果，必须展开深入调查，规避由此引发的各种矛盾。

2.事业单位员工申诉系统功能

员工有权对绩效考核结果表示质疑；严格约束考核人员的行为，确保其严谨工作，使其在进行考核时更加注重信息与证据的搜集，最大限度地避免冲突，将不良影响压缩至最小。

（六）事业单位常用考核方法

1. 简单排序法

该法又称序列法或序列评定法，即根据特定标准，采取先后顺序对相关考核对象进行排序。其优点在于易于操作，且可信度较高，能够百分百地避开趋中倾向或宽严误差问题。不足之处在于考核人数有限，适用范围不广。以十五人最佳，同时考核对象必须属于同类职务。一旦考核对象不属于同一部门，便无法采取这一方法。

操作流程：其一，明确考核项目的数量与内容，以所考核对象的具体职务情况为拟定依据。其二，评定小组针对各项内容来评定考核对象，同时对之进行排序。其三，求出各个考核对象的所得项目序数之和，也就是排序总分，序数之和越小，说明其成绩越好，最后，以序数总分为据来划分等级，比如总分≤15的为优，≥16且≤30的为良，≥31且≤45的为中，≥46且≤60的为及格，≥61的为差。

2. 强制分配法

该方法是依据事先指定的比例，把考核对象划分到各绩效类别之上。统计学的正态分布是其基础原理所在，它最明显的特征在于处在中间的人数较多，而分布在两侧的最高分与最低分较少。

当考核对象人数较多时，更适合选择这一方法，且易于操作。因为服从正态分布，能够很好地避免因主观因素所造成的误差。另外，强制分配法更易于管理控制，特别是配以员工淘汰机制，其产生的强制激励和鞭策效果特别显著。

3. 要素评定法

要素评定法也被视为功能测评法或测评量表法，即融合了定性和定量的两种考核方式。考核者可以依照事先规定的各项考核指标来展开考核，优点在于考核层面较全，弊端在于量化要求较高，不易于操作，且指标设计的优劣与考核方向与考核质量直接相关。

其操作流程为：首先明确考核项目；其次根据优劣性对指标进行等级划分；接着对考核者展开相关培训；然后展开考核打分；最后就所形成的材料进行剖析、调整与总结。

4. 工作记录法

通常情况下，对生产工人的操作性工作进行考核更适用于这一方法。

5. 目标管理法

作为绩效管理方法之一，目标管理法（MBO）具有较高的综合性。领导和下属彼此间的双向互动不可或缺，且目标的量化标准必须与"SMART"原则相契合。

6.360度考核法

该法又称为全方位考核法或全面评价法，属于多层面、全面性的一类绩效考核方法。它主要包括：听取意见、填写调查表、对被考核人员进行全方位考核、基于对考核结果的探讨进行两方讨论并制定下一期绩效目标等几项内容。

二、考核方式的创新

完整性、循环性和封闭性是绩效管理的主要特点，我们能够通过"绩效考核循环结构图"展开简要介绍（见图6-1）。绩效计划为所有循环的起点，最终目的旨在实现考核结果运用。完成了一个循环后，对之进行汇总与提升后再开始下一个循环。在循环过程的不断重复之下，组织绩效将表现出一种螺旋上升状态，绩效管理目标恰在于此，由此推动被考核人员实现预期目标，同时达到不断完善的目的。因此，绩效改进应处于事业单位绩效考核方法的核心地位。

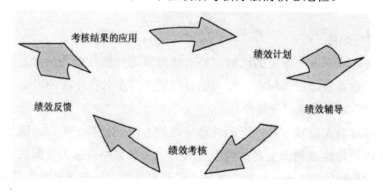

图6-1　　绩效考核循环结构图

（一）保证程序的公正性

要想进行科学的绩效考核，必须要根据事业单位实际情况选择科学可行的考核方法，设计合理的考核流程，并及时反馈考核结果。事业单位的绩效考核要比政府和企业的绩效考核难度高，在考核标准量化和标准化上有一定的难度。因此在很多情况下，事业单位设计的考核流程并不公平，导致考核结果的科学性大打折扣。事业单位要将考核体系的建立健全作为一项长期工作开展，并逐步完善绩效考核制度。当前，事业单位的绩效考核还处在初级阶段，缺乏经验和实际案例，在信息化管理方面也不够完善，相关程序缺少系统性有待规范；同时，传统的思想也影响了考核流程的运行，要大力促进绩效考核的发展，使之成为单位整体项目实现的重要推手。

程序公平要通过以下四个方面得以实现：首先要对程序公平的重要性有足够的认识，尤其是领导干部要更加重视，这对于程序公平至关重要；其次要让员工认识到绩效考核意义所在，获得员工的理解和认同；第三考核体系的构建要具有可操作性，要科学、规范；最后要将绩效考核完善化，使用软件和程序将其程序固定化，从而使考核标准化。

（二）落实标准与指标的公正

标准与指标的公正性对于绩效考核有着极严的要求，要将单位实现的目标正确地转化成可执行的有效体系性的指标与标准，并且能直接拆解到单位各级各个部门和岗位中去。然后，将从中得出的考核数据，进行认真地分析和研判，并使用信息化技术手段，对各个部门进行公平公正的评价。

目前，部分事业单一般会位根据内部发展情况制定工作报告和年度工作方案，并根据单位的整体发展战略对工作目标进行分解，落实到每个部门和每个人员身上，然后按照每个部门和岗位的特征设计出有针对性的考核流程和标准。之后，以此程序对相关个人和部门进行考核，从而形成考核的标准。这项工作非一日之功，是需要日积月累，其重要性也不言而喻。它需要定期完成对季度或者月指标跟踪，而且要根据周边大环境的变换对指标进行适时调整。并且为了体现不同岗位的工作特点和责任，还要建立分层分类的岗位考核指标体系数据库，同时还需要对负责绩效考核的中层负责人进行专门的考核，让这些人员了解考核目标、考核方式、考核标准和考核原则等，使用科学的考核方式进行考核，以化解单位给予的压力，并且能依据各部门员工在工作中的表现，公平公正地对每位员工进行评价并得出结果。伴随着现代科学技术的飞速发展，利用信息化，软件与程序化的手段，建立一整套客观的数据采集和分析体系，客观、公平、全面的对比分析业务部门提供的绩效考核信息，从而得出正确结果。第五，一部分重要的定性指标要以考核小组的方式，另外还要进行述职考核，这需要事业单位确定完善的评价标准。对于要进行外部考核方面，在机构选择，核审与管理时，要做好相关工作。

（三）将创新方法积极运用到绩效考核中

1.人格特质考核方法

人格特质考核方法主要关注的是员工个人素质的特定方面，比如创新意识、团队精神、思想品德以及上进心等。比如有些员工在这类特殊人格特质中有着某项考核分数优秀，就会获得高分。人格特质类考核模式中，最普遍的方法莫过于图尺度评价法。

2.行为类考核方法

行为类考核方法主要关注的是员工在工作中表现出的具体行为和工作表现。

它的核心思想是通过对员工行为的观察和比较来确定员工的绩效水平。该方法通过记录和评价员工的工作行为、工作过程和工作结果，以及通过关键事件法等方式来对员工的行为进行对比评价。这些方法都通过提供具体的反馈和建议，帮助员工改进工作表现，提高工作效率和绩效水平。

3.结果类考核方法

结果类考核方法有着自身的特殊性。这种考核方式，会将实际结果和预定的目标展开对比，充分体现了"绩效为结果"的经典观念。规定的时间里，特殊工作岗位上形成的所有工作绩效，与关键和必要工作岗位上形成的所有工作绩效相等，这种考核方式颇具科学性。

经过上述分析发现，这三种考核方法中，所有的考核都围绕事业单位的整体目标。考核内容都包括员工的工作行为、工作态度、工作方式和工作结果等。给出考核成绩出来之后，都会考核结果反馈给员工，从而指导员工不断提升工作业绩。另外，事业单位还会根据考核结果，对不同的员工进行差异化的培训，以有针对性的提升员工工作技能。

第四节　重视考核结果应用

一、对激励和约束制度进行完善

为了提高员工的忠诚度，单位要制定适合自身的激励措施，比如长期激励和短期激励。两者，最大的不同之处在于，长期激励能将员工的工资福利与事业单位整体发展目标统一在一起，持续地调动员工工作热情，促使员工保持良好的工作业绩。

（一）采取多样的激励模式

薪酬激励是激励机制中最常见的方式。如果想让薪酬激励取得好的效果，一定要拉开激励的档次，实行"能者多得、多劳多得"的分配原则。所以本人觉得要想薪酬激励机制取得良好的效果，可以学习新加坡工资制度，将工资分成浮动薪酬和固定薪酬，大部分员工固定薪酬相接近，但是浮动薪酬存在一定差距，该部分薪酬由员工在工作中的表现而定，如果在工作中表现突出则可以获得更多的薪酬作为奖励。薪酬中不同的名称不仅仅代表着不同的组成部分，更对员工起着不同的激励作用。比如有的体现在保障与公平方面，有的是为了保证对人才有一定的吸引力，还有的起着约束和长期激励的作用，而这所有分类最终组成了薪酬的总和。在赫兹伯格的观点中，"如果你想员工能够尽心尽力的完成工作，首先要给他们提供一个良好的工作空间。"结果表明，若果仅仅依靠钱，是解决不了所有问题的，只依靠薪酬激励是不够，要将员工内心的动力充分挖掘出来，调动起每一个员工的工作积极性。要想激发员工内心的工作欲望，是要有份好工作；其次员工在工作中要受到管理层的敬重，对工作要有发言权。员工自我激励能力基于成就感、驾驭工作的能力感与归属感。这些感觉会让员工在工作中更自主，使这些员工更希望在工作中展示自己，获得来自上司和同事的赞许，在工作中感受到价值。

物质会导致员工的业绩和激励度下降。要实现对员工的有效激励，一方面要除去单位中阻碍员工自我激励的负面因素，另一方面要充分发挥员工的自我激励作用。还要在单位中不断开发激励因素，促使员工始终可以保持自我激励状态。

（二）对于知识型员工的激励措施

知识型员工更多动力来自于工作本身。玛汉·坦姆仆认为，个体成长、工作自主、业务成就和金钱财富是知识型员工激励的四大因素，其比重分别是34%、31%、28%和7%。知识型员工有着自身的特点，比如更加看重自身的长远发展，希望通过工作实现自身价值，尤其是喜欢具有挑战性的任务。基于此，对这类员工的激励不能仅仅是薪酬，而应该以良好的成长环境和事业发展为重点。在实行激励机制时，事业单位要将单位、部门和个人的激励统一在一起，将长短期激励结合在一起。在激励制度设计方面，需要将所有因素进行系统的对比分析，将传统的事后奖励模式转变为事前、事中、事后等多形式的奖励模式。

知识型员工一般都会对自我管理式团队有一定的兴趣。这种模式是通过授权，让员工能够根据自己的需求、能力和爱好等选择部门和领导者，通过自由组合的方式确定工作内容和工作流程以及工作标准等。此类组织结构充分发挥了人在其中的主导作用，以满足自我需求为重点。

对于知识型员工来说，其本身的内在价值实现远超出薪金对其的吸引力，所以多元化的分配机制尤为重要。机遇对于激励知识型员工具有诱惑性，比如个人成长机遇、参与决策的机会等等都对知识型员工有着重要的吸引力。

（三）充分发挥团队精神作用

团队建设中，必须要设计出一套完善的薪酬激励制度，通过这项制度赋予团队发展动力，凝聚团队的向心力。团队的成功与否取决于团员之间是否建立了合作伙伴关系，包括人力资源战略管理人员、部门领导以及团员本身。团队建设如果不能建立起有效的伙伴关系，往往会导致团队失败。

一般情况下，每个优秀的团队都具备以下七个特质：管理的流程和系统；领导艺术；工作流程和业务系统；价值观念和文化；个人和团队的能力；团队和工作设计；奖励与表彰。在实施过程中，很难一步到位地全部实现七个步骤，通常都是从某个要素开始，逐渐扩展到各个方面。

在构建团队薪酬架构时，事业单位要从实际出发，对各方面成因进行分析，将员工业绩与浮动性薪酬标准统一在一起。

团队绩效管理在员工辅导、评估、个人规划以及奖励等方面开辟了新的途径。由于在管理、人力资源规划等方面，团队成员可以直接参与到其中，所以他们在参与的过程中，对努力工作和实现单位发展目标的关系有了更加深切的体会。这种方式，赋予了领导一种全新的工作模式——高效决策。跨部门合作和团队协作促使团队的业绩不断进步。最后，要结合事业单位发展概况进行分析，促使团队成员认识到做什么以及怎么做，这就在团队环境中自然地培养了个人规划。

对员工进行考核后，还需要及时进行反馈，选择合适的地点和时间，将考核结果反馈给员工，与员工进行有效沟通，让员工明白工作中不科学之处。绩效反馈是进行员工激励的重要环节，主要作用是以良好的业绩来提高员工的自信心，使员工在工作中对自己有清晰地认识，并根据自身的不足，有所侧重的参加培训，提升自己，逐步形成更科学的工作模式，取得更好的工作业绩。

二、将绩效考核作为绩效工资改革的基础和突破点

绩效工资的执行，对于事业单位的收入制度改革来说非常关键。实行绩效工资，有利于推动社会事业的繁荣，实现公益服务质量的提升，还可以大幅度提高员工工作中的积极性。实施绩效工资对津贴和补贴的规范，以及形成合理的绩效工资体制对健全与完善分配激励制度体系非常关键。

计件工资制是绩效工资制度的萌芽，特点是将员工的工资收入和个人的绩效相结合。员工的绩效是通过劳动对单位做出的贡献，相比简单由产品数量和质量的构成来考核更加综合全面。比如，科学院的院士在其研究领域内有着崇高的声望和影响力，这种影响力对其单位就有着不可估量的价值。如果学校有一个院士，其影响力就会极大地得到提升。

以员工被聘用的工作岗位为标准，是绩效工资的特点。它是以责任大小、岗位所含技术含量与环境情况等确定标准等级；根据劳动力成本与企业经济效益等确定工资水平；根据员工工作业绩确定最终工资额度的工资制度。绩效工资由基本工资、年龄工作、岗位工资以及奖励工资构成不同的事业单位，还会适当增加津贴、福利工资等，以便更好地提高激励效果。

三种劳动论是马克思提出的。按此理论，绩效工资属于按照员工的最终工作业绩确定薪酬的工资制度，由工作效率与工作成绩来确定，但是，在实际执行过程中，由于很难对绩效指标进行量化，所以除了佣金制与计件制之外，大部分是

根据员工的绩效水平另外增发奖励。

传统的绩效工资制度下，员工的工资在得到上司的认可后，每年会在规定的时间里逐步提升。采取绩效工资对提高工作效率有着积极的作用，但是要想更大的发挥其作用，对工作绩效进行有效的评估是必要的。

绩效工资模式下，需要对员工的工作业绩展开有效考核，将考核结果和工资关联在一起。是按员工的业绩获得报酬。通过绩效工资，事业单位可以对员工进行调节，以这种经济方式来对员工进行管理，刺激员工更积极地做利于单位利益的行为，调节绩优者与绩劣者的收入比例，带动员工以高涨的热情投入到工作中，推动单位发展战略的执行。

业绩考核是绩效工资改革与实施的基础，要注意四个方面的问题。一是切实落实通过绩效工资和津贴补贴相结合的方法，规范单位收入分配与财务管理，严格分配纪律；二是逐步构建有效的绩效考核制度，持续提高公益服务水平导向，并以此为基础，在严格纪律的基础上理顺单位内的分配秩序；三是在单位内，因地制宜实行分类分级管理，并且加强部门职能责任；四是不断强化与完善单位绩效政策，合理协调好在职员工与离退休人员的分配统筹，使之关系和谐稳定。

在绩效工资的实际执行中，因部门和层级不同，责任也不尽相同。第一，考核标准与考核指标是由各部门负责领导制定的，分别对下属人员进行考核，对绩效工资和绩效考核系数进行确定，对工作绩效执行出现的问题进行改进；第二，人事部门确定整体考核模式，组织和监督各个部门进行考核。客观公正、反馈改进、考核结果与绩效工资相关联，构成了绩效考核的三方面原则。客观公正，即在考核过程中，以定量考核为主，辅之于定性考核，减少或者杜绝考核人员的主观判断，使考核流程和标准公开，保证考核过程和结果的客观真实性；考核结果与绩效工资相挂钩，即根据考核成绩确定员工绩效工资额度；反馈改进，指的是要将考核结果及时告知员工，帮助员工调整不科学的工作模式，解决工作中的问题，在以后的工作中避免再次发生相同的错误，实现员工业绩和单位整体业绩的持续性提升，从而使单位达到预期目标，在每次考核结束后，相关主管要对考核中发现的问题进行优化。

主要岗位职能、关键绩效指标、专项目标任务是绩效工资所参考的主要内容。事业单位要按照考核对象量化程度和岗位工作内容等，设计考核分类权重。对于可以有效量化的岗位，关键指标是明确绩效工资的主要因素。如果是无法量化的岗位，岗位职责和专项目标是确定绩效工资的主要考虑因素。最后，月度工作计划报告中，每个月都要对扣分项目进行考核。在设计专业项目指标任务和关键业绩指标的时候，必须要遵循分层分解这一基本原则。考核分数量化标准参考表6-2。

表 6-2   考核分数量化标准

分数	工作绩效要求	表现
5分	工作绩效要从始至终超过本岗位的正常要求	按时完成任务数量，保证质量显著超过规定标准，在规定时间到来之前完成工作，得到上级的认可和客户的赞誉。在这样的情况下，员工大多数会主动的开展工作，不需要监督
4分	工作绩效要求达到或者超过本岗位工作标准	可以在规定时间里完成工作数量，经常超额完成，保证工作的质量，经常获得领导的认可，不需要监督催促
3分	工作绩效能达到基本岗位要求	能在规定的时间内按时按量完成本人职能工作，基本没有投诉现象，能够自主开展工作，属于能够达到基本要求
2分	需要进行整改，工作绩效不能够达到基本要求	经常出现各种小疏忽，不能在规定时间完成工作量，在质量方面也有欠缺，有投诉但是并不严重，工作时需要别人监督催促，属于不太满意
1-0分	属于不良工作状态，工作绩效明显低于常规正常标准要求	不能按时完成工作量，在质量方面存在严重问题，经常发生投诉现象，属于很不满意

三、充分应用好绩效考核结果

绩效反馈在绩效管理中发挥着承上启下作用，属于实现单位战略的重要保障。绩效反馈旨在让员工对自身业绩、行为、工作态度进行核查，了解自身的不足，进而达到全面提高工作效率的目的。而这项工作的目的在于：让管理层对员工进行良好的绩效辅导，建立合理的沟通方式，对考核结果产生一致性的处理方案。同时，亦能通过考核发现存在的不足，发现差距所在并深入研究原因，并据此制定有效的改进方案，推动工作顺利开展。此外，管理层还应将企业未来发展目标、绩效期望传达出来，据此制定长、短期绩效目标，产生绩效合同。详细的过程如下：

（一）充裕的准备

有关绩效反馈的工作，首先应该拟定周密的计划，这就要求各方做好充裕的准备。事业单位管理层应做好充分的前期工作：熟悉并了解反馈对象的具体情况，包括：教育背景、工作情况、性格特征等；在恰当的时间——通常在工作比较轻闲的时间，选择合适的地点，构建轻松的面谈环境，和员工之间推心置腹地对工作进行交谈，记录其反馈的各项工作情况。这个过程中，要求领导人员做好充分的工作，准备相关的资料：包括业绩合同、档案、岗位说明书、之前的面谈情况等。由领导根据反馈目的，掌握反馈的时间、谈话的内容，引导被反馈人员说出内心真实的想法。

对反馈对象来讲，也要求做足相关的准备工作，包括总结个人在上一个考核周期内的所有工作情况，如：态度、能力、业绩、困境等；同时给出个人发展规划和希望公司给予的帮助，如：提供技能、业务提升的培训，需要其它部门或同事或管理层给予的某些帮助等。反馈的目的在于解决个人工作中遇到的困境，从而让员工发挥更大的作用，推动公司的良好发展。

（二）反馈面谈技巧的规划

由于员工来源不同，本身能力、教育背景、个人性格等方面存在差异。因此，领导人员在和他们交流的过程中，应根据员工的不同制定不同的面谈方案。比如，针对内向型员工，要激励他们多表达自己；针对能力较强，但不服从管理的员工，要其立足于公司长远发展的角度来思考问题。

1.面谈之初应让员工进行自我评价

在话题沟通的最初，领导和员工由于身份的不同，难免有着各自的顾虑，尤其是员工，担心自己言多必失、领导对自身不太满意等原因，可能会比较拘谨。为了让他们打开话匣子，畅所欲言，领导的开场白应平易近人，让员工先做一个自我评价，进而打消其顾虑。在员工自评的过程中，领导可适时抓住其中重点，如：工作的不足、和领导间的分歧等，将这些重点摊开来研究，并鼓励员工反思自己在处理这些问题时存在的不足。

2.将绩效考核要点置于问题的解决

在绩效反馈过程中，管理层由于本身的身份原因，往往会将反馈当成是对员工不足的总结，抱着这样的心理，领导层难免在沟通过程中摆官架子，出言犀利，在这种心理伤害了员工自尊心，最终影响到反馈工作的开展，严重时还会引发员工的不满。

绩效反馈旨在就事论事地谈及事物本身，在交流过程中，进行适当的引导，激励员工自己提出解决方案，从而全面提升员工的业务能力。可见，反馈过程是员工和领导建立信任的一个过程，也是领导帮助员工提高认知的过程。良好的反馈将最终用于指导员工能力的全面提升，达到解决问题、推动公司良好发展的目的。

3.针对反馈对象的不同采取不同策略

领导层在开展绩效反馈前，应充分了解员工的个性、工作问题、业绩不足等，并针对这些问题制定不同的应对方案。比如，针对工作态度良好、能力一般的员工，应将能力提升放在首位，针对其短板问题增强培训；针对工作能力较强，但是态度不端的员工，对其改造的过程中要注意渐进，不能将希望寄托在一次面谈之中，而是应在平时的工作，加强辅导和沟通，推动其一步步改进工作态度。

4.灵活的沟通技巧

绩效反馈的过程中，领导应关注员工的心态，对于存在的问题和存在不足，应予以明示，而不应该模棱两可。此外，领导亦应注意对员工行为如实反馈，采取合适方式肯定员工业绩。此外，应该做到赏罚分明，全面增强员工归属感。

（三）反馈工作长效化

绩效反馈频率应具有经常性。若管理层发现了员工存在的某些不足，应予以及时指出并责其改正。若不能即时纠正，至年底才进行绩效评价，势必导致组织遭受损失。此外，若管理层发现了员工的优异表现，也应即时予以赞扬，从而增加员工的类似行为，有效地激发工作主动性。总而言之，如果员工及时获得反馈，一定会对个人行为产生影响，进而帮助员工及时调整个人工作心态，提高工作效率。

（四）对员工进行合理的绩效辅导

绩效反馈工作旨在提高员工的工作能力，而不是对其工作进行最终的评判。因此，在反馈过程中，领导层应该秉持帮助员工提高技能的心态，以真诚的态度、良好的互动，帮助员工认识到自己存在的不足，并予以合理的帮助，全面提高员工工作能力和效率，实现组织的良好发展。

第七章　行政事业单位内部控制优化

第一节　行政事业单位内部控制有效性的理论分析

一、行政事业单位内部控制有效性的基础研究

新公共管理运动彻底打破了传统公共行政范式，个性化和碎片化的公共服务要求公共部门提升自身能力。我国数量众多的行政事业单位势必需要寻找科学的管理手段来提高自身服务水平，而内部控制则是帮助各单位满足公共服务需求的重要手段。行政事业单位实施内部控制是建设法治政府的基本措施。只有行政事业单位实现组织结构清晰科学、控制手段适当有效、运行活动合法合规、权责分配明确合理时，才能从根本上推动国家治理现代化进程。

行政事业单位内部控制是否有效，取决于控制目标的实现程度。科学有效的行政事业单位内部控制，需要实现合规目标、资产目标、报告目标、廉政目标和服务目标。首先，行政事业单位内部控制应该从外部规制和内部管理分别保证单位经济活动和业务活动的合法合规。一方面，行政事业单位内部控制的建立必须遵循我国现有的法律法规基础；另一方面，健全的行政事业单位内部控制体系是单位各类活动的行事原则，能够保障各项改革措施和管理条例的实施。其次，行政事业单位内部控制需要改善单位资产的管理情况。行政事业单位的资金来源主要是公共资金，有的单位资产管理意识淡薄，单位资产的破损和流失情况比较严重，所以，有效的行政事业单位内部控制需要保护单位资产。

但是，通用资产管理条例不利于各个单位进行具体资产管理活动未纳入单位财务核算的公共基础设施管控存在明显漏洞。行政事业单位内部控制有效性需要考虑内部控制制度与独立单位间的适应性。信息数据作为公共决策的基础，不仅

需要符合信息数据类别，还要满足民众的知情诉求。行政事业单位内部控制贯穿单位整体活动，需要扮演各类信息的过滤器和处理器，把控信息来源，规范信息输出，为单位信息质量提供保障，帮助信息应对随机不确定因素带来的问题。同时，有效的行政事业单位内部控制不仅用于规范开展业务活动的"物"，更需要规范操作物的"人"的行为。"经济人"有限理性滋生协商、谈判、权力寻租等现象，公共权力的特性更是会带来不规范运行的问题，因此，行政事业单位内部控制也是出于规范政府治理的需要。单位内部控制可以规范相关人员行使公共权力，减少政府治理失败带来的相关问题，有效防范贪污舞弊。有效的行政事业单位内部控制就是规范公共权力的"权力笼子"，为国家治理注入新的活力。

行政事业单位最重要的是提供公共服务和提高自身服务质量，社会主要矛盾的转变凸显出当下行政事业单位提供的公共服务尚未满足公共需求的现状。行政事业单位内部控制能够帮助单位提高行政效率，及时防范或发现并纠正业务活动中的问题，避免公共资源遭受损害等，进而促进单位公共服务职责的履行。当下，结合供给侧改革，行政事业单位内部控制能够帮助优化资源、资金、技术、劳力等生产要素，提高公共服务供给能力，解决社会主要矛盾。由此可见，有效的行政事业单位内部控制能够完善单位自身建设，提高单位服务能力，满足社会公众需求。有效的行政事业单位内部控制能满足目标的基本要求，实现单位各类活动合法合规、单位资产科学管理、信息数据高效运用、贪污腐败严厉打击、公共服务及时高效等。

行政事业单位内部控制有效性还体现在控制系统的设计情况和执行情况。结合我国本土化特色，行政事业单位内部控制体现在单位层面和业务层面。首先，行政事业单位内部控制有效体现在设计有效上。内部控制的制度和要素是从单位层面和业务层面，对具体单位的内部控制进行整体设计，实现组织框架、制度规章、运行机制、关键岗位的完善与优化，为单位内部控制的具体实施提供制度指引和运行支持。行政事业单位内部控制的设计有效性需要考虑内部环境、风险评估、控制活动、信息与沟通和内部监督的情况。单位内部环境奠定内部控制基调，单位"一把手"直接影响行政事业单位内部控制工作开展是否顺利。因此，可以从一把手工程和内部控制观念教育活动，衡量行政事业单位内部控制的开展阻力程度。并且，有效的行政事业单位内部控制设计具备职责明确的特点。风险评估和控制活动的设计，需要了解单位层面和业务层面的关键风险点，从而构建合适的风险评估体系和选取具有针对性的控制手段。拥有良好的内部氛围和科学的管控手段后，行政事业单位需要利用各类信息来进行新问题的决策和已有制度的优化，设计内部控制信息系统也非常重要。内部控制信息系统需要着重建立业务内部控制的子系统，考虑子系统的信息交流、汇总、传递、销毁，实现单位层面和业务层面的分离。内部监督则是单位决策、执行和监督三权分立的重要表现，是对已有职责的监督和评价。领导带头的总监督、业务监督和干部监督可以实现较为全面的监督检查，有利于提出全面的改进意见。所以，有效的行政事业单位内部控制设计可以对单位组织结构、职责分配、风险评估、控制手段、监督活动进行科学的、符合单位实际情况的设置和优化。行政事业单位内部控制设计有效是执行有效的前提，不然，再高的执行力也无法实现行政事业单位内部控制的有效运行。并且，行政事业单位内部控制的执行依赖单位全体职工，这就要求行政事业单位拥有合格的管理能力以及单位人员具备必要的胜任能力。

因此，有效的行政事业单位内部控制是在优化单位组织结构和明确单位人员责任的基础上，利用合理的风险评估方法，选取并运行合适的控制手段，配以独立的内部监督，实现内部控制的缺陷整改和持续优化的过程。行政事业单位内部控制有效性不仅需要制度理论的保障，更需要在实际工作中落实优化。最具权威性的调研结果，应当是财政部公布的我国行政事业单位实际内部控制建设情况报告。

综上所述，目前我国行政事业单位内部控制基本有效。但是，由于处于实施的初级阶段，行政事业单位内部控制还存在制度和机制不完善、相关岗位设置不科学、内部控制人员专业能力不足、风险评估不全面、监督和评价工作不到位等问题，从而影响了行政事业单位内部控制的有效性。

二、行政事业单位内部控制有效性影响因素的理论分析

行政事业单位内部控制是单位的"免疫系统"，应当保证其设计得当并运行有效。但是，事业单位特点往往会使"照搬照抄"的内部控制体系有效性大打折扣。所以，为了充分发挥行政事业单位内部控制的效能，我们需要分析并寻找对单位内部控制有效性产生具体影响的因素。

（一）国家层面影响因素分析

行政事业单位的职能是提供公共产品和公共服务。追求提升公共服务效能是行政事业单位的工作目标，也是国家治理的根本目标之一。在改善行政事业单位内部控制公共服务质量的同时，当前公共服务质量的情况也影响着单位内部控制的建设和实施。公共服务尤其重视民众利益，良好的公共服务情况可以提高行政事业单位的服务意识，为内部控制实施提供便利。并且，良好的公共服务可以缓解人口向大城市聚集的状况，促进劳动力均匀分布，有利于不同地区的行政事业单位吸收人才，为今后的单位内部控制建设和改善奠定人力基础。反之，公共服务较差的地区会陷入资源匮乏的困境，同时损害公共服务本身。这种恶性循环的

局面会使行政事业单位怠于提高自身行政能力，同时增加内部控制建设流于表面的风险。

随着我国开始改革部门绩效评价，基层单位开始积极研究各类绩效管理方式。近几年提出的"国家治理现代化"改革目标也是对公共部门绩效管理产生了极大的推动作用。无论公共部门绩效体系使用何种技术手段，其内在本质都是改善公共绩效管理水平，实现单位管理目标。公共部门绩效体系的考核指标包括着对单位人员的控制，辅之以公共受托责任观，能够加强单位人员的服务意识，改善行政事业单位内部控制建设和实施。此外，行政事业单位内部控制可以为预算绩效管理过程起到控制、监督和保障作用，公共部门绩效评价体系势必要对单位内部控制提出相应的要求。

行政事业单位内部控制常常被看做是对单位内部利益划分的挑战，与其他公共政策一样，它也面临着严重拖拉甚至难产的问题。为了解决行政事业单位内部控制的实施问题，不同政府部门需要沟通协调，正确理解内部控制实施的目的和意义，减少误解可能带来的阻碍。此外，行政事业单位内部控制全面涵盖了九类单位，空间跨度极大，不能仅仅依赖财政部门的推进。，需要利用主导式协同模式，将国有资产管理、审计、纪检、监察、教育、科技等部门纳入协同联动的工作范围，形成较为紧密的内部管理体系，为内部控制建设工作创造良好的协同环境。

目前已经出台的政策文件没有深入详细地为行政事业单位内部控制建设提供指导，仅仅停留在大体框架的层面；缺乏详细标准的参考和指导，不免会造成单位内部控制的空泛化和形式化；缺乏操作性和可行性，使有效性大打折扣。另外，监督和评价是行政事业单位内部控制有效性的重要保障，只有监督到位、评价准确，才能及时发现内部控制缺陷，进而完善相关制度和流程，确保内部控制的有效运行。而我国行政事业单位内部控制评价缺乏具体的标准体系，存在监督力度低下、评价粗糙等问题，无法真正评价内部控制存在的缺陷，难以发挥出"以评促建"的作用。这些现象和问题，都在损害行政事业单位内部控制有效性。

规章制度是实现特定功能的基本标准，与行政事业单位内部控制相关的各种制度体系能够对其产生直接影响。例如，政府会计改革扭转了行政事业单位会计被割裂的现象，为汇总编制部门预决算提供了一致的信息口径。这样，可比的单位内部信息能够为预算控制的编制预算、实时跟踪、评价结果、指导反馈提供便利。

我国目前政府采购政策的主要目标是节省支出、防范腐败和提高效率，这与内部控制目标存在一定的重合。政府采购作为内部控制的重要业务之一，内部控制需要融合政府采购政策的相关规定，以最精简有效的控制活动实现两者的目标。

至于公共管理制度体系，行政事业单位需要考虑公共管理政策的要求，制定相关规章条例，以影响控制对象。可以看出，这些制度体系的完善程度都会影响行政事业单位内部控制。

综上所述，行政事业单位的生存环境存在许多内部控制有效性的外在影响因素，如公共部门的公共服务质量情况、廉政治理的重视程度、公关部门绩效体系的建立情况、相关部门间的协同联动情况和相关制度体系的完善程度等。

（二）单位层面影响因素分析

行政事业单位实施内部控制时，可能要打破单位原有的岗位设置、工作流程、管理制度甚至权利划分，因此在推进过程中可能会遇到很大的困难。单位负责人应该对本单位内部控制建设和实施负责，为内部控制的开展提供单位权威。如果单位行政一把手亲自负责该工作，就能够形成指挥准确有力、执行快速高效、避免推诿扯皮的工作局面，从而尽可能保证内部控制的推行。这种逻辑的原因在于我国行政组织实行"首长负责制"，这种制度的突出优点是责任明确，指挥灵敏有力，减少不必要的摩擦和损耗，能迅速完成任务。一把手工程解决了新制度的开展困难，但是，具体的内部控制制度建设和实施是依赖单位整体人员。单位人员的内部控制意识决定了建设实施效果，拥有良好内部控制意识的单位才能消除单位内部对内部控制的抵触情绪，以热情、认真的工作态度落实内部控制的建设、执行内部控制工作要求。

当行政事业单位具备建设内部控制的能力和内部环境后，位还需要确定内部控制职能部门或牵头部门。因为，单位内部控制牵涉面广、工作量大，需要寻找并确定一个高水平、强能力的部门，了解内部控制相关政策和知识，与其他部门积极沟通，制定内部控制建设方案，真正落实每一项控制活动。因此，单位必须考虑不同部门的业务属性和功能属性，正确设立内部控制职能部门或选取牵头部门。并且，行政事业单位内部控制分为单位层面和业务层面，涵盖六大业务，控制手段复杂，单位进行相关制度设计、关键岗位设置与控制活动选取时，需要衡量自身工作人员的能力，决定是否需要第三方的协助，来进行内部控制制度体系的设计和建设。第三方具有丰富的内部控制建设经验，能够帮助单位梳理自身流程，寻找关键风险点，建设出符合单位特点的内部控制体系，这种建设方法也是对内部控制相关工作人员能力不足的弥补。

内部管理制度和流程的完善程度会影响单位内部控制的实施速度。当行政事业单位拥有完善的内部管理制度时，有序的内部环境和规范的业务活动会给控制活动提供便利，尤其是六大业务的重复性，可以帮助单位及时开展内部控制建设。因此，单位可以结合自身的实际情况，找到内部管理的薄弱环节，确定相关风险点，将防控机制嵌入内部管理制度，实现单位内部控制的快速设置，提高单位内部管理和内部控制的有效性。

行政事业单位内部控制不是由某一部门独立开展的工作，而是一项覆盖全部经济业务、贯穿经济事项全过程的系统工作，涉及到单位各部间的横向联结和纵向联结。如果行政事业单位固化部门和岗位，承担不同职责的人员缺乏对其他职位的基本了解，这不利于单位内部开展交流和协作，更不利于内部控制实施，会造成"制度虚设"的局面。所以，单位需要建立沟通协调与联动机制，帮助财务、资产、审计、基建、后勤、纪检、监察等职能部门间以及上下级单位间进行交流与协商，减少单位内部摩擦和利益冲突，加快单位部门协作速度，为内部控制的日常运行提供助力。

实施行政事业单位内部控制意味着工作责任更细分、责任主体更多元。行政事业单位可以利用内部监督帮助内部控制迅速发现在设计和运行上存在的缺陷，完善内部控制制度体系，防范内部控制系统自身失灵的风险；单位还可以进一步分离业务监督和人员监督，明确监督主体的职责，提高单位监督活动的效率。不过，当前的内部监督存在机制不够完善，内部审计部门级别低、受制于单位领导等缺陷，使内部监督工作的独立性和权威性无法得到保障，不利于监督内部控制活动。所以，单位需要加强内部监督机制的建设，构建党委、纪检监察和内部审计等部门为主体的内部监督体系；保证监督主体的独立性和工作权限，有序地对决策程序和执行过程进行监督，充分发挥监督检查的合力作用，为内部控制保驾护航。

内部控制是对行政事业单位的风险，尤其是经济活动风险进行防范和管控，对风险的评估至关重要。实际工作中，单位经济活动存在很多固有风险，如决策失误导致的资源配置风险、组织体制不完善导致的腐败风险、人员能力不足造成的经济事项核算风险等，面临这些风险，单位需要利用风险评估对其进行识别和分析，选择最佳的解决方案。单位具备健全的风险评估机制可以减少内部控制建设任务，对已有的制度体系加以修改和完善。随后，内部控制就能够依据风险评估结果，关注重点风险，选取适当的控制方法对其进行防控。并且，风险评估是行政事业单位内部控制的重要理论基础，相同的防控理念表明两者存在一定的重复，各自的建设经验都能够给对方提供指导，最终实现风险评估和内部控制的共同完善。

单位人员处理数据的能力有限，当信息数量爆炸时，他们往往会选择降低数据流动性或管理数据传输渠道等措施，导致数据处理不及时、数据失效、数据缺失等后果。不过，单位可以利用信息化手段，快速过滤无效数据、分析一般数据、报送重要数据，并将相关分析结论分享给各个部门，有效避免了传统人工手段的缺陷。行政事业单位内部控制也面对数量巨大的信息，单位应该建立内部控制信息系统，实现风险评估、控制活动、监督与评价等活动的自动化管理，方便单位及时管控可能出现的系统性偏差和风险，让相关控制人员重点关注偶然发生的、性质严重的特殊风险。同时，单位建设内部控制信息系统需要考虑自身的实际情况，单位自身实力受级别高低的影响，单位需要考虑自身是否有实力配置相应的信息系统。级别较高的单位往往已经存在业务板块和管理板块的信息系统，进行内部控制信息系统建设时，应该侧重于如何兼容已有的信息系统；而对于没有信息系统的单位，可以考虑相关的数据形式、内控功能、业务特性等特点，建设功能完备的内部控制信息系统。

可以看出，单位层面的影响因素主要是对行政事业单位内部控制整体产生影响，不局限于某一业务活动或某个执行人员。例如，单位对内部控制工作的重视程度、一把手负责制、内部控制工作的负责（或牵头）部门、内部管理制度和流程的完善程度、内部沟通与联动机制的完善程度、内部监督与评价机制的完善程度、风险评估机制的完善程度、内控信息系统的完善程度、第三方机构参与内部控制建设、内部控制专业人员的工作能力等都会对行政事业单位内部控制的整体效果产生影响。

（三）业务层面影响因素分析

在实际工作中，一些单位进行内部控制建设，通常会先大张旗鼓地要求各部门制定许多内部管理制度，其次才是流程梳理，完善业务流程。其实，行政事业单位内部控制建设的起点应该是先梳理各类经济活动的业务流程，明确业务环节，系统分析经济活动存在的风险，确定风险点，选择风险应对策略；再采取具有针对性的管控措施，建立健全单位各项内部管理制度并督促相关工作人员认真执行。可见，行政事业单位内部控制建设的起点决定了内部控制制度设计的有效性。

行政事业单位内部控制往往会使单位陷入"控制手段越多越好"的误区，对预算、支出、采购、资产、建设和合同六项业务采取各类控制手段，试图防范业务活动的所有风险。但是，不同单位存在不一样的具体业务，不同的业务会有不一样的侧重和风险，单位必须识别业务活动中的重要风险点，分别就不同的业务风险选取相应的控制手段，避免控制手段的滥用和无用。例如，预算业务贯穿单位权力运行的全过程，如果单位对预算业务全程加以控制，会给内部控制部门带来过大的工作量，模糊相关人员的工作焦点，不利于及时应对重点风险。所以，单位必须识别出预算业务的重点风险，选取针对重点风险的控制手段，实施重点风险管控。对于控制手段，单位需要认清控制手段不局限于《规范》的规定，能够有效应对风险的手段就是可选取的。

比如，级别高的档案室需要接触控制；大额发票获取需要验证等。财政资金和绩效目标的重要性使得内部控制环节偏向经济活动资金支付环节，风险防控重点为财务端，也就是业务末端。实际上，风险是伴随经济业务的发生而发生的。单位各个部门实施和参与的经济活动，在活动经过的每个环节由于主观或客观的原因，都可能会产生风险。如果控制重点是财务端，也就是只对经济活动的最后环节进行控制，那么有的风险可能已经发生，无法补救，给单位和个人造成损失，这样内部控制就无法起到应有的防控功能。所以，内部控制应"关口前移"，重点对单位每类经济活动易发生风险的业务环节进行控制，消灭风险隐患，防患于未然，并及时"查缺补漏"；完善内部控制，筑牢"防火墙"，有效地防控风险。

通过上述分析可以发现，行政事业单位业务层面的影响因素，包括内部控制体系建设起点、识别关键风险点并设置控制手段以及内部控制的重点。

第二节　内部控制视角下对行政事业单位预算管理优化分析

改革需要层层递进，层层落实，预算绩效管理改革也是如此。而且每个地方情况不一，在具体推进预算绩效管理中应该结合本地的自身情况不断调整完善。目前，我国预算绩效管理改革的思路和对策，应该重点结合内部控制建设进行，可以从内部控制五要素的角度，优化预算绩效管理的相关制度、机制，确保预算绩效管理工作取得成效。

一、加强预算绩效管理中的内部控制环境建设

（一）加强行政事业单位的预算绩效理念与内控建设意识

一个行政事业单位长期以来形成的单位文化建设，是预算绩效管理顺利开展的思想基础。要让所有工作人员都认识到预算绩效管理与内控建设相结合的重要性，首先要加强行政事业单位主要负责人和管理人员对内部控制建设的认知。只有单位负责人及领导人员意识到内控建设的重要性，才会层层下达给下属，并要求全体工作人员在工作中认真贯彻落实，才会在制度层面上落实预算绩效管理与内控建设结合。如何提高单位负责人及领导人员的重视，最主要的措施是进行相关业务培训。为此，可以通过组织定期培训的方式，强化内部控制重要性和必要性的意识。其次，预算绩效管理的实行不仅要领导重视，还要求工作人员重视，这就要求培养工作人员将预算绩效管理与内控建设相结合的意识。可以通过网络媒体、政府网站、公告栏目、微信公众号、微博等方式大力宣传内部控制理论、预算绩效管理理念等，强化工作人员形成将预算绩效管理理论与内部控制理论相

结合的意识，形成利用内控建设来优化预算绩效管理工作的正确认知。单位可以定期组织学习研讨和培训，提升工作人员执行内部控制与预算绩效管理相结合的业务技能，准确把握预算绩效管理过程中的内控建设要求，将内控建设五要素融入到预算绩效管理流程中，全面配合本单位开展内控建设与预算绩效管理相结合的工作。通过制定定期学习制度、组织学习业务知识、参加外部的研讨活动及各项培训、对其他地方政府开展的预算绩效措施进行分析研究，吸收其他地方或部门的成功经验，不断改进和创新工作的方式方法。

（二）加强行政事业单位的队伍建设

预算绩效管理工作要求具体负责执行人员具备较强的专业素质和丰富的工作经验，为此需要选拔具备财务、管理及法学等知识的复合型人才。负责预算绩效管理工作的部门一般招聘的是财务专业的毕业生，他们在其他业务知识如管理知识、法学知识方面会有所欠缺。现在政府部门提供的公共服务种类越来越多，各单位的在编人员工作任务繁重。在编制及预算有限的情况下，有些单位不会设置专门的岗位或专门人员负责预算绩效管理工作，或者仅通过聘任、劳务派遣的方式补充人力资源，而这些外聘或劳务派遣人员在业务素质方面可能会与正式编制人员有所差别。但人力资源是实施预算绩效管理的基础条件，为了确保预算绩效管理的人才队伍建设符合最基本的条件，各行政事业单位在招聘环节应严格把关，包括任职条件设置、选拔条件、岗前培训等。其次，要加大人员的业务培训力度，不断提高工作人员的业务素质和业务水平，进一步扩充预算绩效管理岗位的人才储备，建设优秀的专业化队伍，为预算绩效管理工作的开展提供人力资源保障。

（三）完善预算绩效管理的组织机构建设

组织结构是行政事业单位内部机构层级设置、人员编制、职责权限等相关的人事组织制度安排，是开展预算绩效管理工作的重要基础保障。

1.完善组织架构建设

应进一步完善以市人大为主体的监督考核机构、以市财政局为基本考核部门、以各预算单位为具体实施部门的纵向组织体系。

2.建立预算绩效管理模式

为全面推进全过程预算绩效管理，各行政事业单位要严格按照绩效管理模式执行，实现全覆盖，不留死角，做到"横向到边，纵向到底"的绩效预算管理新机制，在全国省市县三级预算单位均实施绩效管理。各地应结合本地实际情况，不断创新体制机制，不断从本地实际出发，重点从绩效目标的审核方式、绩效评价指标设定的科学性、完善信息沟通渠道、绩效评价以及结果反馈应用方面进行完善。

3.健全预算绩效管理制度

完善绩效管理全过程各个阶段的管理制度，着眼于目标编制、成果应用等重点环节，不断完善第三方中介机构及专家学者参与到绩效管理过程的管理制度，继续扩大引入第三方机构评价和专家联合评审机制。进一步加大力量培养第三方市场，为预算绩效管理工作的开展储备独立的第三方机构，从评价方式、评价指标、评价依据和数据核验等方面提高评价结果公信力，力求评价结果有理有据，准确无误。

4.健全绩效评价指标体系

虽然财政部印发了一些指导各地预算绩效评价工作的文件，对建立绩效评价指标体系有一定的指导意义，给各地设置预算绩效评价指标提供了参考依据。但是，由于各部门的职能、目标不同，项目支出性质有别，各地往往根据各单位的特殊性进行个性化指标的设置。在设置的过程中往往因为缺乏参考资源，导致设置出来的个性指标不够科学。对此，各单位要考虑各地区经济发展和财政预算管理差异等多方面因素，构建既体现财政政策水平、政策要求和管理项目功能，又符合本地区、本单位实际的预算绩效评价指标体系。

绩效指标体系的建立需要大量的人力、物力，因此财政部门可以会同其他部门组织全国性的调研工作，搜集、整理、汇编各地已经形成的取得较大成效的绩效指标体系，并在更大范围进行推广，为缺乏相关经验的地区提供参考依据；或会同有关部门聘任专家、学者、第三方评价机构等主体，为绩效评价指标体系的建设建言献策，并根据提出的意见分部门、分行业制订绩效指标体系，选择试点地区先行先试，根据试行中存在的问题不断进行调整，进而在全国范围内推广。

（四）加强第三方中介机构的培育

中介机构建设是深化预算绩效管理改革的"先手棋"。委托第三方中介机构独立对预算绩效进行评价，是预算绩效管理的重要环节。但是目前我国的第三方中介机构较少，且机构存在能力不足、履行不充分等问题。预算绩效评价工作属于一项难度较大、复杂程度和烦琐程度均较高的工作，要求工作人员具备丰富的经验和知识储备。前市场上的评估机构不仅数量上不足，而且各机构的人员储备、知识结构、评估经验等均存在欠缺，这都导致委托第三方机构开展绩效评价服务时会出现质量参差不齐的情况，评估质量亟待提升。要改变上述局面，就要加快第三方中介机构的培育，充分发挥第三方中介机构自我发展、自我管理、自我约束的积极性；建立完善的行业自律准则，出台推动第三方机构参与预算绩效评价的行业指引性规章制度，从而推动市场合理竞争，健康发展。

二、加强预算绩效管理中的风险意识，建立健全风险评估机制

长期以来，尽管预算绩效管理理念在我国的推广已经取得一定成效，各单位对预算绩效管理工作的重视程度也越来越高，但是有些单位仍然缺乏"把钱花好"的绩效意识。在当前的改革背景下，重视树立预算绩效管理过程中风险意识以及建设风险识别、防范机制，能够减少和预防预算绩效管理工作中可能遇到的风险。因此，从树立风险防范意识，到建立风险评估及预防机制，都会对整个预算绩效管理工作的顺利开展起到至关重要的作用，而且还能保障内控建设在整个预算绩效管理过程中的有效性和适应性。

（一）强化风险防范意识

针对目前各单位对风险防范意识缺乏的问题，主要采取以下措施：（1）通过专题培训的方式要求所有入职人员每年第一季度均要完成相关的风险防范意识教育学习。学习内容由财政部门协同内部控制建设的主管部门共同设置，并要求所有人员必须完成规定的学习以及考试，同时纳入年底考核的范围；（2）每年举办风险防范意识主题动员会，并制订相关的活动计划；通过现实的案例使全体工作人员在工作中树立风险防范意识。

（二）健全预算绩效管理风险评估机制

设置预算绩效管理风险评估工作小组，逐步健全预算绩效管理风险评估机制。

1. 成立风险评估小组

该小组的组成人员主要为各单位的领导层、中层干部及外聘专家。该小组主要负责对预算绩效管理工作中可能存在的风险进行识别，并对风险的大小进行评估、衡量。每年年初、年中、年末均要对预算绩效管理工作进程中可能存在的风险进行识别、评估，并根据风险设置相应的预防机制。

2. 设置专职风险监控人员

对预算绩效管理单位可能存在的风险进行日常监控，并在每月末形成当月的风险评估报告，提交风险评估小组。

3. 设置专职风险分析职位

负责对专职风险监控人员提交的风险评估报告进行分析；利用SWOT分析法，分析各行政事业单位预算绩效管理过程中所拥有的优势和存在的劣势，进一步明确预算绩效管理目标。

（三）建立健全预算绩效管理中的风险预警机制

分析查找全过程预算绩效管理中的风险点，建立风险预警机制。首先，风险评估小组每年年初、年中、年末对本单位绩效管理工作进程中存在的风险识别后，

形成风险评估报告。风险识别的流程包括：理顺预算绩效全过程中可能存在的所有风险点；通过对风险点进行分析研究，划分每个风险点的风险等级；根据不同的风险点等级建立对应的风险应对政策。其次，根据风险等级建立风险预警机制。风险评估小组要对识别出来且已经划分风险等级的风险点设置不同的风险预警线；由风险监控人员对其进行动态监控，将监控过程中发出的风险上报风险评估小组；风险评估小组召开会议针对风险点设置相应的应对策略。总之，通过设置风险预警机制，及时发现风险，并采取风险防控措施。

三、规范与优化预算绩效管理中的控制活动

控制活动是内控建设的核心，是对预算绩效管理工作的全过程进行控制。控制活动的主要措施包括岗位分离控制、授权审批控制等。针对目前各单位在预算绩效管理中存在的绩效目标设置不科学、事中绩效监控填报不规范、事后绩效自评流于形式等问题，可以从加强预算绩效管理的控制活动上加以改善。

（一）加强岗位分离控制

在预算绩效管理工作的每个环节，按照岗位分离原则，设置组织机构及人员职责权限。如在预算绩效目标管理过程中，将目标的设定、审核、调整、运用设由不同的岗位人员负责，通过相互牵制，保证绩效目标的管理实现。此外，在事前绩效目标评审、事中绩效执行监控、事后绩效结果自评、最终绩效评价结果运用方面也要建立严格的岗位分离控制。

（二）健全预算绩效目标管理体制机制

预算绩效管理工作的开端就是进行绩效目标的设定。在编制预算时，只有预算编制设置符合标准的预算绩效目标，才能列入项目库管理；未设定绩效目标或未按照相应要求设定的，则不纳入项目库，不得申请部门预算资金。单位完成预算绩效目标后，由审核部门从完整性、可靠性、适当性、相关性四个方面进行审核，不符合要求的需进行相应的调整。一旦，最终确定该单位的预算目标，就不得再调整。各单位负责人及绩效管理工作的具体执行人员均要不断强化法律意识，严格按照预算绩效目标进行执行，发现偏差要及时进行修正未按照规定的程序对绩效目标进行调整的，不得自行调整。

（三）创新预算绩效管理过程中的控制手段

随着"互联网+"时代到来，预算绩效管理全过程的控制活动不仅依赖于传统的管理模式，而且应该将现代人工智能运用到绩效管理的控制活动中，实现对预算绩效管理工作各个环节、各个阶段的动态监控，范围涵盖预算编制、绩效目标审核、预算执行、绩效评估等，真正落实全过程预算绩效管理。例如，可以将人

工智能嵌入预算绩效管理全过程中，设置具有人工智能的风险警示机制、自动提醒机制、自动反馈机制等，以实现预算管理信息系统的人工智能化处理。在工作人员履行预算绩效管理职能时，按照要求将数据或材料导入绩效管理信息系统，此时由人工智能进行检测，出现问题系统可以自动弹出提醒信息，并指引执行人员按照正确的流程处理。再如，进行预算绩效目标设定时，如果绩效目标没有按照相应的要求设定，系统可以自动弹出警示信息，并提示存在的问题及修改意见，执行人员只需在人工智能的引导下完成绩效目标的填报工作。此外，人工智能系统还可以将发现的预算绩效管理系统中存在的问题及时反馈给风险监控人员，以便及时采取措施，解决风险隐患。

四、加强预算绩效管理中的信息沟通

预算绩效管理工作的有效开展离不开信息的有效沟通。只有加强信息沟通渠道建设，实现信息互通，才能将预算绩效管理工作中产生的信息及时传递给有关部门；协调各方诉求，推动各部门协力做好单位预算绩效管理工作。

（一）建立内部信息管理系统

因各部门业务分工不同，在履行绩效管理工作中可能存在衔接不畅的问题。因此，若能充分利用现代科技，可以有效提高绩效管理过程中的信息化程度，提高绩效管理工作效率，完善预算绩效的信息沟通渠道，促使各部门之间相互借鉴、交流经验，并对各自开展预算绩效管理的工作进展情况进行相互监督。行政事业单位应该与时俱进，主动研发适用于预算绩效管理工作全过程的信息管理系统。在系统中根据预算绩效管理工作流程分模块设置，提高全过程预算绩效管理的信息化、科技化程度，不断提高工作效率，减少工作失误。

（二）健全信息公开制度

单位内部必须建立一个信息公开的程序，便于将预算绩效管理过程中产生的信息及时对外公布；通过建立起与社会公众进行沟通交流的平台，不断拓宽各行政事业单位的预算绩效管理信息发布渠道；建立信息收集、反馈机制，通过不断收集社会公众对推行预算绩效管理的意见、建议，拓展社会公众对财政资金使用绩效的知情权、监督权。

五、完善预算绩效管理中的内部监督渠道

合理设置组织架构，建立预算绩效管理全过程的监督新机制。各行政事业单位应该梳理预算绩效管理工作的整个流程，在关键岗位、人员职责权限设定上与执行环节、监督环节相匹配，从而形成内部相互制衡、相互约束的机制。预算绩

效管理的一个重要目标就是将预算绩效评价结果运用到预算中，这是推进预算绩效管理的初衷。预算绩效评价结果也反映整个预算绩效管理过程的成果，体现绩效管理工作的成效。因此，应以评价结果的反馈机制和运用机制为重点，以评价结果"提质"和评价结果应用"增效"作为考核机制的内容之一，并以是否完成绩效评价反馈与运用作为考核的奖惩依据。

（一）建立监督评价小组

绩效评价结果是整个绩效管理工作的最终成果。目前绩效评价结果的应用方面依然薄弱，且有些单位并不重视最终的绩效自评报告。因此，完善各行政事业单位的内部监督体制，首先要设立一个预算绩效评价监督小组，对各单位每年年终形成的绩效自评报告进行审核。同时每季度各单位都要向评价监督小组反映预算绩效管理工作的实施情况；评价监督小组也要开展定期和不定期的抽查工作，将抽查中发现的问题进行汇总，形成问题清单报告，要求单位在一定期限内进行整改并及时反馈。

（二）建立评价结果反馈机制

预算绩效评价分为三种模式，一种是单位内部进行自评，一种是由财政部门选择重点项目进行评价，一种是委托第三方独立机构进行自评。首先，每个单位均要进行绩效管理结果的自评工作，自评后要形成相应的单位绩效自评报告，并将自评报告上传至预算绩效管理信息系统。其次，形成自评报告后还要对存在的问题提出整改意见，并将自评报告及整改报告报送评价监督小组。评价监督小组按照规定程序进行审核，对自评报告存在不客观、不准确、不完整的情况，将自评报告退回去重新进行自评。重新自评后再次提交给评价监督小组审核，只有审核通过后，才能确认该单位完成绩效自评工作。最后，自评报告经本单位负责人签字确认后，提交给本单位同级及上级的各监督部门、纪检部门备案，并提交人大审核，作为来年各单位申请预算资金的重要依据。其他两种评价方式产生的评价结果也应采用类似方式反馈绩效评价结果。

（三）建立绩效管理考核机制

建立与预算绩效管理工作相契合的考核机制，可以提高各部门参与预算绩效管理工作的自觉性和积极性。考核机制应分门别类，针对不同职能、岗位的人员设置不同的考核指标，指标中包含预算资金的产出和效益等内容。在年度考核时，要按照具体的指标项目进行评分，通过考核落实主体责任。本年度的绩效考核结果将作为来年预算的参考依据以及问责依据。如绩效考核情况良好，可以在来年的预算资金安排时予以优先考虑，并作为年终评优评先的参考依据；如考核结果较差，则约谈相关责任人，分析原因、查摆问题，制订相应的整改措施，并果对因工作失职造成的资金浪费情况进行追究，同时相应减少来年的预算资金安排。通过强有力的考核机制，确保各部门负责人及执行人员牢固树立预算绩效理念，强化责任意识，共同推进预算绩效管理工作的落实。

（四）健全评价结果的报告和公开机制

首先，需要建立报告机制。逐步完善预算绩效评价结果的报告机制，目前仅有重大预算项目的绩效评价才向市人大进行报告，应该逐步推行所有的预算项目向财政部门、市政府、市人大或人大常务委员会进行报告，并向审计、纪委监察委等部门抄送评价结果。其次，需要建立结果公开机制。对社会普遍关注的预算项目，通过政府微信公众号、政府网站、政务微博等方式向社会公众公开绩效评价结果，接受社会大众的监督，进一步保障落实公众的知情权、监督权和提出建议的权利。

六、内部控制视角下对行政事业单位预算绩效管理的进程分析

（一）行政事业单位内部控制对预算绩效管理的作用

内部控制理论起源于西方理论，最早运用到企业中，后面被广泛运用到公共管理部门。为了顺应时代发展潮流，我国也在政府部门推行内部控制建设并施行。行政事业单位实施内控建设与实施预算绩效管理目标存在一致性，均是为了提高公共服务部门的运作效率和公共产品及服务的质量。而且二者均在单位内部实施过程控制，内控建设是在整个单位内部进行，贯穿于所有的部门，绩效管理则贯穿于预算全过程。此二者均体现出了共同参与的管理特征：预算单位的全体人员都要参与到绩效管理过程中，各单位的工作人员都要参与到内控建设过程中。可见，内部控制与预算绩效管理具有高度的契合性，从内部控制的角度出发，将为预算绩效管理改革工作提供一条崭新的道路。

1.内部环境是预算绩效管理顺利开展的基础

内部环境是指受行政事业单位长期以来形成的历史和文化的影响，并作用于单位全体工作人员意识的一切物质、文化等因素的总和。有效的内部控制环境能够对内部所有工作人员的责任意识、诚信意识、敬业意识等方面造成影响，这种影响是无形的，而且能够吸收更优秀的人才加入到该单位中，从而有利于推动该单位各项目标的实现。具体到单位实施的预算绩效管理工作中：

（1）单位文化建设是单位工作人员在履行政府职责的过程中逐步形成的，该文化是单位人员都普遍遵守的价值观念、服务理念，以及受该思想观念的影响在履行职务行为中所表现出来的行为举止。实施绩效管理旨在提高资金使用效率，从而提高公共产品和服务的质量，进而强化政府的责任意识。但是长期以来因受

传统预算管理模式的影响，普遍存在财政资金使用效率低下的情况。特别是在地方政府债务越来越重的情况下，政府要开展各项职能活动，但受限于财政资金，很多与社会公众切身利益相关的财政项目因无财政资金支持而被迫放弃。因此，行政事业单位预算绩效管理文化建设将会从思想观念的塑造上影响单位工作人员，促使他们在工作中树立绩效理念，将绩效理念内化为心、外化于形，推进绩效管理工作真正落实。

（2）组织结构是实施绩效管理的基础保障。行政事业单位职能范围广泛，职能部门众多，若没有在组织架构上对负有预算绩效管理职能的机构进行科学设置，将可能导致政府职能交叉、职责权限不分、机构重叠、人员臃肿、效率低下等问题。这些问题都会严重拖延绩效管理工作的开展。因此，建立科学合理且权责分配相互制衡的绩效管理组织架构，是实施全过程预算绩效管理的前提。只有在组织架构上理顺，才能规范各职能部门的工作流程，保障各职能部门各司其职、各负其责。

（3）队伍建设是推进预算绩效管理工作向纵深发展的重要基础条件，是实施预算绩效管理的智力支持。合理的人力资源配置能大幅度提高行政事业单位各职能部门职责的履行效果。若是人力资源配置不合理，会导致有些部门人员过剩、人均工作量少，有些部门人员紧缺、人均工作量大的情况，这将会影响到各部门人员工作的积极性。由于绩效管理工作复杂多样，专业性强，需要知识储备和业务能力熟练的人员负责。如果预算部门人员紧张，任务繁重，将会导致工作人员对绩效管理工作应付了事，甚至会导致优秀的人才流失，特别是经验丰富的人才流失，造成绩效管理工作的执行人员进一步稀缺。预算绩效管理是一项综合性较强的工作，需要复合型人才。然而，目前的调查显示，财政部门招聘的人员主要以会计学、审计学、财政学等为主，无法满足绩效管理工作的要求。因此，为了确保绩效管理工作的开展具备足够的人力资源，必须不断加强队伍建设，合理配置人力资源。如果人力资源总体规划不完善、人力资源配置不合理，预算绩效管理制度设计再完美，无人可执行也是枉然。只有在组织机构设置和人才队伍建设方面下功夫，才能为预算绩效管理工作的开展提供基础的制度保障。

2.风险评估是预算绩效管理顺利实施的前提

预算绩效管理是现代财政制度的一项重要改革举措，旨在重塑传统的预算管理制度和财税制度。它是一种以结果为导向的管理模式，要求在预算编制、执行、监督全过程中贯彻绩效理念，从而提高财政资金的产出成果。通过实施绩效管理，提高财政资金的使用效率，用较少的钱办较多的事，为公众提供质量更高、品种更多的公共产品和服务。

然而，任何人都会为未知的、不可预测的事情产生恐惧感预算绩效管理作为一项新的改革措施，势必会对原有的利益进行重新分配。因此无论是领导层还是具体负责执行的人员都有可能对实行预算管理产生抵抗情绪。特别是绩效改革势必会触动一些部门原有的利益格局，改革必然会遭受阻力。加上预算绩效管理工作复杂，具体负责人员或执行人员也会有畏难情绪，对执行中遇到的问题提出少，或为了应付上级检查而下表面功夫，或为了应付年底考核而粉饰太平。这些都是推行预算绩效管理中遇到的风险因素，它将是预算绩效管理改革进程中的最大变数。因此，应当进行风险评估，对绩效管理改革中可能存在的风险进行识别，并针对性地制定出风险预防措施，将风险控制在一定范围内，从而减少阻碍预算绩效改革中的风险。

3.控制活动为预算绩效管理提供标准

控制活动，是指为确保上级领导部门的意见部署和单位负责人的意志得到贯彻落实，实现本单位行政管理目标，贯穿于本单位所有工作人员的职务行为中，如批准、授权、职责分工等一系列活动。预算绩效管理就是行政事业单位打造"阳光财政"过程中，通过强化绩效理念，在预算全过程中采取的一系列改革措施。控制活动可以说是贯穿于整个预算绩效管理过程，是保障预算绩效管理能够持续有效进行和衔接的关键一环。它的主要措施包括不相容岗位分离原则、授权审批控制等，这些措施旨在对相关权力拥有者、执行者进行不同的权力分配，达成相互制衡的目标，防止权力的腐败。这也是为了确保预算绩效管理的各个环节由不同的职能部门负责，促使各职能部门相互监督、相互约束，推进预算管理工作有序开展。

4.信息沟通是预算绩效管理的内在要求

信息与沟通对预算绩效管理工作的影响，主要体现在各单位具体负责执行的人员在履行预算绩效管理职能时，将该过程中产生的信息及时反馈给相关部门及负责人，实现单位内部信息的沟通和交换；同时对预算绩效管理工作中产生的问题及时进行修正、调整。有效的信息沟通可以加快实施预算绩效管理的部门与其他相关部门的信息流通，确保绩效管理措施得到有效实施。总之，预算绩效管理过程中所产生的信息均关系到绩效管理的最终目标能不能实现，从预算绩效目标的设定、审核、调整、应用，到事前绩效的评审、事中绩效的监控。事后绩效的自评、自评结果的应用，都需要对预算绩效管理每一步的执行情况进行反馈沟通。若没有畅通的沟通机制导致信息反馈不及时、不充分，问题无法及时发现和解决，从而对预算绩效管理工作的开展产生不利的影响。

5.内部监督是预算绩效管理不断发展的保证

随着政府职能的转变，政府所要提供的公共服务和产品的种类越来越多，原来的内部监督体系已不能完全适应预算绩效管理改革，导致监督出现失位、缺位或错位。为了保障预算绩效管理改革工作继续向前推进，内部监督制度必不可少。预算绩效管理工作一直处于发展之中，不断会出现新问题，如果没有一个强有力的监督机制，就无法及时发现和解决问题，导致问题越来越严重，甚至偏离绩效管理的目标。因此，将内部监督贯穿到绩效管理全过程，才能确保绩效管理工作的顺利完成。

（二）预算绩效管理中内部控制的内容

将内控建设与预算绩效管理相融合是一个复杂的系统工程，可以参照coso"内部控制框架"理论，将行政事业单位的绩效管理与内部控制相结合，贯穿于预算全过程。

1.预算绩效管理的内部控制环境

将内部控制环境融入到预算绩效管理中，首先要提高单位工作人员的内控意识，在行政事业单位内形成内部控制文化。内控意识的形成主要是通过不断的培训，甚至进行考试的方式，确保工作人员真正树立内部控制意识。其次，培养一支更为专业的预算绩效管理人才队伍。通过开展培训，提高执行和管理能力，通过制度设计完善人员管理措施，建立内部竞争机制，提高执行人员的积极性和创造性。再次，领导层的推动和支持对预算绩效管理工作的推进起着至关重要的作用。单位负责人的行为可以说是行政工作人员参照的标准，影响着行政工作人员的职务行为，没有单位负责人的支持，预算管理工作就不会引起具体执行人员的重视。因此，行政事业单位负责人对实行预算绩效管理要有一个清醒的认识，要熟悉上级部门的部署要求，熟悉绩效管理的规章制度、流程，只有在思想上形成正确的认识，才能指导行动，并以身作则，为单位具体执行人员做好先锋模范作用。最后，落实预算绩效管理工作需要有组织作保障。目前还有一些单位尚未设置专门的预算绩效管理部门和预算岗位。鉴于一些单位规模小、行政人员编制受限制的情况，设置单独的组织机构显然不符合实际，唯一的办法是通过调整内部组织机构，并重新进行职责的设置、分配，根据不相容职位分离的原则设置职能部门，确保预算绩效管理工作有专人负责，从而在组织上保障预算绩效管理工作的顺利开展。

2.预算绩效管理的风险评估

绩效管理过程中的风险评估程序主要包括以下内容：

（1）风险识别和排查机制。各单位在开展绩效管理工作之前，必须梳理各绩效管理工作中可能存在的一切风险点，并进行一一的识别、排查，可能存在的风险种类进行分类归纳。一般情况下预算绩效管理过程中可能存在的风险种类，主要有以下几项：①因预算绩效管理制度不健全导致的风险，如相关规章制度不健全、甚至存在相互矛盾的情形；②因具体负责执行预算绩效管理工作人员能力不足造成的风险；③单位负责人及具体负责执行人员由于玩忽职守造成的风险；④由于单位负责人及具体负责执行人员滥用职权导致的风险；⑤单位负责人及具体负责执行人员利用职务之便，贪污受贿、徇私枉法造成的风险。

（2）对预算绩效管理工作中可能存在的风险进行识别、排查后，采取相应的风险应对策略。如果风险是因为总体制度设计层面存在问题，那需要通过不断地完善相关制度，并对出台的规章制度进行整理、编纂、修正来预防风险。如果风险产生的原因是由于人力资源存在问题，但由于预算绩效管理工作相对复杂，需要复合型人才，而现有负责绩效管理工作的人员显然不具备相关方面的知识储备，才出现能力不足的风险。针对该项风险，首先把好是人员招聘方面关；其次，加强业务素质的培训，可以通过组织专题培训的方式，不断提高有关人员的业务能力和业务素质。风险主要是来源于负责人或执行人员的责任感，对自己的职责缺乏正确认识，虽然主观上没有违法的意识，但客观上因对工作缺乏责任感导致类该风险出现。针对该项风险，主要预防措施是设置风险提醒机制以及责任追究机制。如果风险是负责人或执行人员主观上存在恶意违法意识，客观上下做出违法犯罪行为，这是预算绩效管理过程中最大的风险。防止此类风险的预防机制主要是设置全过程的监督以及严厉的责任追究机制。

3.预算绩效管理的控制活动

预算绩效管理的控制活动是预算绩效管理全过程"动态观"最直接的体现，也是有效控制预算绩效管理风险、实现预算绩效操作层面的保证，具体包括但不限于授权、业绩评价、信息处理、实物控制和岗位分离等相关活动。预算绩效管理中的控制活动应重点关注以下几点：是否合理设置了绩效目标；是否正确地按照预算计划执行；是否设立了风险预警机制；出现例外或突发情况时，是否采取了及时恰当的措施确保预算绩效目标的实现等。具体到预算绩效管理活动实务中，最常见的控制活动类型有：预算绩效管理过程中的岗位分离控制；授权审批控制，包括明确预算绩效管理中的授权范围、授权期间和被授权人的职责、权限等；预算绩效管理牵头部门对预算项目实施部门的目标审核和动态监控等；通过一系列控制活动，有效防范和规避预算绩效管理过程中的风险。

4.预算绩效管理的信息沟通机制

预算绩效管理中的信息沟通机制是指，以现代科学技术为依托，通过不断创新设计出与预算绩效管理相符合的信息沟通机制，确保将预算管理过程中产生的有用信息准确、完整、高效地传达给各相关部门，从而提高预算绩效管理工作的效率。信息沟通机制应着力解决预算项目执行部门对于预算绩效信息了解不充分、不全面的问题。此外，还应建立预算绩效管理全过程的信息披露制度，在单位内部构建一个信息共享与沟通平台，打破部门之间的信息壁垒。

5.预算绩效管理的内部监督

预算绩效管理内部监督机制的内容包括：

（1）建立专门负责的监督职能机构或部门，并明确该监督部门的职责权限。只有各监督部门的职能清晰，才能精准发力，各负其责，各司其职，确保各项内部监督机制发挥作用。

（2）明确内部监督结果的责任追究机制。对内部监督过程中发现执法不合规行为，要追究其责任；通过落实责任追究机制，才能形成强大的威慑力，监督才能发挥实用性，才能促进执行人员依法履职。

第三节　行政单位固定资产管理内部控制流程的优化

一、行政单位固定资产管理内部控制流程优化的目标、原则及方法

（一）固定资产管理内部控制流程优化目标

1.构建完善的内部控制机制，提高本单位固定资产管理效率。

2.根据分析查找错误及原因，进行回溯，明确问题。

3.优化会计方法，提高会计资料的准确性、真实性及完整性。

4.确保国家相关规章制度能够得到有效贯彻和落实。

（二）固定资产管理内部控制流程优化原则

1.合法合规原则

固定资产管理内部控制流程优化应坚持合法合规原则，即对流程进行的优化基于财政部制定的关于行政单位固定资产管理内部控制的法规，遵循行政单位的规章制度。

2.全面系统原则

固定资产管理内部控制流程优化应坚持全面系统原则，即要求行政单位构建固定资产内部控制机制时应将行政单位与其固定资产内部控制流程优化的职能部门及岗位人员加以考虑，促使内部控制管理贯穿于流程优化的过程中。

3.重要适用原则

固定资产管理内部控制流程优化应坚持重要及适用原则，即流程优化的过程中选取的环节及人员应以达到固定资产管理内部控制流程优化目标为主，尽量避免选择与固定资产管理内部控制流程优化无关的不重要环节及人员。

4.制衡性原则理

内部控制流程优化应坚持制衡性原则，即流程优化过程中应根据各个部门规模及人员匹配度进行权衡，确保职责合理分配，明确职权分明，制约与监督相互制衡的原则。

5.成本效益原则

固定资产管理内部控制流程优化应坚持成本效益原则，即构建固定资产管理内部控制流程时应将过程所需的资金、人员及设备等因素仔细考虑，通过合理配置资源，使得最终获得的效益大于所需成本。

（三）流程优化方法

目前侧重于企业流程优化的建模方法有以下几种：流程图、角色行为法（RAD）、Petri网方法、ARIS-EPC、UML统一建模语言。综合分析各种方法的优劣后，本书选择采用UML统一建模语言对行政单位固定资产管理内部控制流程进行优化分析。UML统一建模语言由对象管理组织发布。作为一种标准的通用设计语言，其设计本意是计算机程序人员可以采用此种方法进行计算机程序的建模，后发展为开放的标准被应用于各个方面。UML统一建模语言为企业的业务运作的优化提供了可应用性的分析方法。UML统一建模语言的模型元素很丰富，在模型元素的支持下构造完成模型，其组成部分为视图、通用机制、模型元素。

企业流程优化中的图主要分为四种：用例图、静态图、行为图、交互图。第一种是用例图。用例图主要是从用户角度对整个流程的运作进行说明，并详细说明参与者及其操作功能。用例图作为流程运作过程中重要的功能说明单位，有助于团队详细了解客户的需求。第二种是静态图。静态图主要包括包图、类图以及对象图。其中包图是为了说明整个流程的分层结构，类图则是流程的静态关系，用来显示流程中各个类的静态结构，对象图包含定义流程中的类，也包含不同类之间存在的关系。第三种是行为图。行为图主要是说明流程的动态关系及对象之间的交互关系，用来说明流程的动态模型与组成模型的对象之间的交互关系。作为类图的补充，状态图仅仅描述状态行为受到外在环境的影响而发生的变化。活动图主要用来说明根据用例要求而采取的活动以及其存在的关系。第四种是交互图。交互图主要用来说明对象之间存在的交互关系。

二、行政单位固定资产管理内部控制流程优化的系统设计

（一）固定资产采购内控流程的优化

1.固定资产采购业务分析

固定资产采购业务需要由经办人员、资产所需部门领导、固定资产管理人员、财务人员共同完成。经办人员根据本部门所需要固定资产，准备相关的审批材料。

申请审批时需要考虑采购的固定资产是否超过预算，如果没有超过预算，则资料需要向分管领导提交审批；如果采购的资产超过预算，则需要局长的审批。如果申请通过了分管领导或局长的审批，资料就可以提交给资产管理中心固定资产处管理人员。该人员根据提交的资料制定固定资产采购计划，然后将采购计划提交给财务处人员审核。审核通过后，将增加总账以备后期查验，并将审核后的材料交由固定资产人员安排采购。

针对行政单位固定资产采购内控流程存在的审批不严格问题，需对预算审批流程进行优化。为此，将单一审批模式区分为预算内采购和预算外采购审批模式。其中，预算内审批人为分管部门领导；预算外审批人为行政单位局长。通过严格审批机制，可以有效地防止因采购审批模式不健全而导致的财务风险；此外，增加了财务处人员的账务审核，审核通过后才能实施采购计划，这有助于提高行政单位固定资产采购的安全性。

2.优化后采购审批流程更加合理

行政单位实行全面预算管理，因此单位的各项业务都应严格执行预算，特别是在采购业务上，相关领导要严格把关。在新的固定资产采购流程中，特意增加了预算内和预算外审批流程。预算内采购申请，执行单位常规审批流程，并且经过分管领导审批后即可开展采购业务；预算外采购一般会涉及到特别重大的固定资产设备采购，往往涉及金额庞大，因此必须由局长作出审批决策。同时，在新的固定资产采购入账流程中，财务部门应全程参与，对单位的固定资产采购工作进行全程监督，以保证采购过程的透明性，防止采购违规现象发生，维护单位财产利益。

（二）固定资产转移调拨内控流程的优化

1.固定资产转移调拨业务分析

固定资产转移调拨业务需要由经办人员、分管领导、固定资产管理人员、财务人员共同完成。经办人员根据本部门所需要转移和调拨的固定资产需求，填写相关单据材料并提交分管领导审批；分管领导审批后由经办人员提交给固定资产管理人员。固定资产管理人员根据审批后的单据进行审核。审核通过后即，制作转移调拨变动表，如没有通过审核，则需要经办人员返回重新整理材料；如果资料审核通过，将转移调拨变动表提交到财务人员处。如果财务人员通过审核，则完成固定资产的转移调拨业务。若未通过审核，则退回到固定资产管理人员处。

2.固定资产转移调拨功能分析

行政单位固定资产采购的流程主要涉及到经办人员、分管领导、固定资产管理人员、财务人员；此外，为了提高固定资产管理的效率，提高固定资产的透明度，流程优化中还需考虑参与者的具体功能。

3.固定资产转移调拨优化后成效

优化后的固定资产转移调拨程序，在原有的转移调流程的基础上改变了模式，要求财务部门、分管资产管理部门、资产调入调出部门共同参与整个固定资产转移调拨的过程中，固定资产管理人员及财务处人员均对固定资产转移调拨具有监督权。若在固定资产管理人员环境发现提交的材料不合格，可以要求退回；如果没有发现，材料在财务人员审核时发现问题，依然可以要求退回。优化后的行政单位固定资产转移调拨流程相比较之前的流程更加严谨，有助于降低风险。

（三）固定资产处置内控流程的优化

1.固定资产处置业务分析

经办人员根据固定资产的使用情况提交固定资产处置申请，经过分管领导的审批后，由固定资产管理人员进行审核；获取相关的处置批准文件之后，将固定资产的明细账目减少，以备后期查验，然后财务人员进行总账的减少工作。

2.固定资产处置功能分析

由业务分析可知行政单位固定资产处置的流程主要涉及到经办人员、分管领导、固定资产管理人员、财务人员。

3.固定资产处置优化后成效

优化后的固定资产报废处置流程，在原有报废处置流程的基础上改变了原有报废处置模式，要求财务科、分管资产管理部门和资产使用部门共同参与到整个报废处置的过程中，以保证整个报废处置工作的严谨性。首先，财务科和分管资产管理部门能够对整个固定资产报废处置过程进行监督，对于拟报废资产进行第三方专业鉴定，以保证整个报废处置工作规范完成，维护单位经济利益。其次，新流程要求财务科在收取处置收入、支出相关费用后，财务会计和分管资产管理员同步进行销账处理，并知会固定资产使用部门及时更新台账。这样有利于避免账务脱节现象，保持资产管理各部门账实相符。

（四）固定资产年度盘点内控流程的优化

1.固定资产年度盘点业务分析

行政单位固定资产盘点管理流程优化业务主要由固定资产管理委员会进行，而固定资产管理委员会是由固定资产管理人员、财务人员、领导组成的。具体的流程为：固定资产管理委员会人员对固定资产情况进行盘点，包括盘点固定资产的数量，确定是否存在报废或多余的资产；然后录入盘点固定资产后清单并保存相关单据。

2.固定资产年度盘点流程优化后成效

优化后的行政单位固定资产盘点流程改变了固定资产需求部门单一盘点的局面，将盘点工作交给由分管领导、资产管理中心人员、财务科人员以及固定资产部门的经办人共同组成的固定资产管理委员会负责。这种模式的改进增加了资产盘点涉及的部门及人员数量，有利于提高行政单位固定资产盘点工作的可靠性、安全性，使盘点过程更加科学，提高了行政单位固定资产管理水平。

三、优化方案实施的保障措施

（一）加强单位领导层的重视

行政单位固定资产管理内部控制优化后的流程中，全体人员的内部控制意识，尤其是单位领导人的内控意识对于促进本单位固定资产管理效率提高具有至关重要的作用。根据《内部会计控制基本规范》以及《会计法》的规定，单位领导对于固定资产管理的工作需要承担第一责任人责任，并且对本单位固定资产管理内控制度的科学性、完整性、真实性负有重要的责任。加强单位领导层的内控意识，提高单位领导层的重视度，首先需要加强固定资产管理内控知识的学习。具体来讲，行政单位的分管领导、资产管理中心领导、固定资产委员会领导以及财务科领导应积极主动学习本单位固定资产管理内控知识，分期分批地组织固定资产管理内部控制讲座，讲解固定资产内部控制知识；使单位领导层具备基本的固定资产管理内控知识，并将了解到知识运用到日常工作中，促进良好固定资产内控环境的形成。

（二）完善固定资产管理内部控制考核机制

固定资产管理内控优化后的流程要发挥应有的效果前提是单位人员将流程融入到日常办公中。而要实现这一目标，固定资产管理内控控制的考核机制就显得尤为重要。没有扎实的落实，只会带来制度存在感过低；单位人员忽略固定资产管理内控制度，造成投入精力和资金的浪费。因此，行政单位需要完善本单位固定资产管理内部控制考核机制，形成管理加考核的双层机制，提高固定资产管理效率。

具体措施为实施单位固定资产管理时坚持落实固定资产管理内控流程，提高固定资产管理效率的目标；通过科学分析本单位固定资产管理内部控制优化的内外部环境，确定固定资产管理内部控制绩效考核的评价标准；加强过程中的预算管理，对于达成考核要求的部门和人员给予一定奖励。

（三）完善固定资产管理内部审计监督

行政单位固定资产管理内部控制优化的过程中，如果缺乏相关的内部审计制度对优化后流程的监督，可能导致流程控制的混乱运行。因此，行政单位固定资产管理内部控制流程的优化需要与严格的内部审计相结合。

具体措施为行政单位的审计部门应定期开展固定资产审计工作，对本单位的固定资产采购、转移调拨、处置及盘点环节的科学性、规范性实施抽样调查，将进行监督；制定固定资产管理内部控制的测试机制，通过测试加强对固定资产管理内部控制各个环节的监督；然后根据监督的结果撰写报告，将本单位固定资产管理内部控制流程中的问题及时地反馈到相关领导层；通过固定资产管理委员会的会议研讨，提出进一步完善流程的方案，以保障行政单位固定资产内控的目标。

第八章　新预算法与事业单位财务工作

第一节　新预算法下预算工作概述

一、新预算法修订工作对审计监控的影响

（一）对审计工作扩面的新需要

新预算法需要创建全口径预算系统，主要包括一般公共预算、政府性基金预算、国有资本运营预算、社会保险基金预算这几方面的内容，就是把所有财政费用收支均归为预算管理的范畴，从法律方面确定且扩展了预算审计的范围，总结出了全面实行审计监控的最新需求。审计部门需要对全口径预算进行监督，有效防止财政费用预算片面化、支出体系僵化，财政投入和企业发展"两面皮""钱等工作""工程等钱""敞口花钱"等情况。

新预算法明确了更加前沿性的跨年度预算审计体制，将以往简单的年度预算审计体制的审计转变成跨年度预算审计体制的审计。在新预算法中明确提出，地方政府可以在财政超收收入中获得一部分费用作为预算稳定调整基金，用来填补赤字和弥补后期年度预算资金的不足。该机制有助于地方政府按照实际要求调节预算实施中因短收、超收造成的预算费用余缺，调节政府投资时期的预算投入，预防地方政府的财务风险。

（二）对审计监控提出的最新要求

新预算法明确了预算绩效的主要原则，对审计监控目标有了越来越高的质量要求。需要审计部门不但要重视政府财政活动的规范性、真实性，还需展开预算编制、实施与决算整个环节进行绩效审计；逐步促使政府的财务收支行为更加规

范化，强化预算控制，充分考虑公平和效率，符合各级政府依法对财政费用绩效控制监督的要求。目前，预算审计在资金绩效管理方面还处于探索阶段，虽然审计报告包含预算成本利用效率的检查，但只是局限在对财政支出进程慢、费用高、实践拖延等现象导致的效率较低的间接描述，还没有建立合理的定性、定量绩效考核指标机制。

新预算法对财政公开有详细的规定，不但要求政府单位年终预算、决算都公开，还要求预算执行以及其他财政收支活动的审查报告向大众公开，即首先用法律的方式确定了审查报告公开机制。虽然在工作中，审查报告公开已是一件非常普遍的事，但几乎都是以简单化、摘要的模式公开。今后，审计报告将全文公开，它的质量与水平会完全暴露在社会舆论监控环境下。

二、满足新预算法"提面、提质、提效"新需要的预算审查革新

（一）修正预算审计控制要点，提升审计考评的时效性

伴随全口径预算控制模式与跨年度预算审计机制的创建，财政部门会试行零基预算，循序渐进地推动预算创新，审计部门需要结合改革动态修正审计监控要点。其一，全口径预算包含财政和全部预算部门运行的资金，以往少数预算部门出现资金收支游离于预算编制与预算监督以外的现象将慢慢减少，审查监督需要在改革的初始环节，以督促及推动所有财政资金融入预算、标准实施为导向，"规范性"属于新预算法执行之前的审计监督重点；其二，通过应用大数据处理分级对全部财政收支信息展开审计研究，经过预算审计监控全覆盖，整理审计时出现的广泛性、倾向性情况，有效地对全口径以及跨年度预算审计"建言献策"是新预算法顺利实行过程的审计监督重点；其三，在"规范化"监督与推动改革"建言献策"的前提下，不断提高审计考评水平、宏观分析预测能力，通过审计促使国家重要决策落实是审计监督的核心工作。审计部门需要以预算审计研究为主线，推动跨年度预算审计机制的正常运作，全面促进政府重要工作以及预算部门廉洁履职。

（二）改进预算执行审计措施，提高审计报告水平

1.多维信息分析法

根据地方债务、绩效审计、政府财务审计报告等新预算法在审计监控扩面、提效等方面的新要求，预算审计需要继续遵循大数据研究先行的观点，借助大数据技术全面进行多维立体的信息分析，重点对财政、预算部门信息资源的归纳与再解析，展开信息的深入挖掘，提高研究水平。把新预算法执行前后多年的记录信息展开横向比较，了解预算编制创新后各项占比与增幅出现的主要原因；识别

政府核心工作、民生工程与社会焦点、热点内容是不是满足新预算法当中对跨年度预算审计工作的实施原则；有没有存在由于政府快上工程的行政目标造成预算执行率偏低的现象；地方财政还本付息方案是否出现降低成本的情况；政府综合预算报告是否可以有效突显地方政府的真实资金收支现象等。

2.任务统筹研究法

任务统筹研究法是指以决算审计为重点，以部门决算审计及专项预算审计为前提，以经济责任考评、政府投资预算为辅助，重点对财政收支横切面及纵切面的延伸拓展，各类型审计工作紧密结合，建立一个纵横交错的审计网络系统，应用统筹分析的审计手段。现阶段，各级审计部门尽管都按要求制订年度工作计划，还在审计工作中纳入专项费用支持预算审计的需求，可是在纵横对比及整个规划方面依旧显得比较薄弱，需要尽早建立"预算执行审计网络系统"，这是在新预算法执行后预算信息对比、信息量激增的条件下，落实统筹分析法的基础条件。应全面发挥预算审计系统的资源，多方位、多角度发现新预算法环境下财政体制创新取得的发展成果、出现的问题及改进的措施，采用综合分析、专项剖析、专题报告等多种类的审计数据综合导出体制，展开深入加工提炼，来实现提高预算审计工作水平的目的。

（三）改善预算执行审计步骤，提升审计工作效率

1.注重审前调研

在审计信息有限的条件下，唯有突出关键点，审前调研工作充分、到位，方可确保审计人力资源价值的最大化，保证预算审计水平的最优化。这就需要审计组要拔高站位、考虑全局，拓展审计思维，基于新预算法的需求，有的放矢地思考重点、难点与疑点，提升审前调查的时效性。特别是需要改变原来审前调查仅仅走过场、打招呼的现象，要明确进点时间，改变传统审计执行方案只是进行修改、添补而后交差完事，进点后在耗费很多时间探究的低效方法。

2.注重审计实施数据反馈机制

现阶段，普遍存在审计实行后续取证、查漏补缺、检查法律依据及撰写报告等全部压力均由主审全部承担的情况，尽管审计组员工埋头苦干，可是独立为战、缺少相互协作能力，往往会使得工作进程比预期要慢很多。有效的审计执行需要在全面的审前调查前提下，建立以审计组长集中协调、调整审计资源，主审确定员工分工，集中审计思路的操作机制。同时需要立畅通的互动反馈通道，完善查找法律依据、取证以及撰写分项事件的操作流程，制定高效的全员协作运行机制。此外，不仅要确保足够的覆盖面，还要重视表现重点，提升审计的水平，注重审计的深度，对关键情况查深查透，查找根源。

第二节 新预算法在财务工作中的运用

一、新预算法下预算工作概述

预算是财政的核心，现代预算制度是现代财政制度的基础，是国家治理体系的重要内容。因此，实施预算法是规范预算行为，推进预算管理科学化、民主化、法制化的迫切需要，是深化预算制度改革、建立现代财政制度的必然要求，是依法治国、提高国家治理能力的重要保障。

新预算法的亮点在于以下几方面：一是完善政府预算体系，健全透明预算制度；二是改进预算控制方式，建立跨年度预算平衡机制；三是规范地方政府债务管理，严控债务风险；四是完善转移支付制度，推进基本公共服务均等化；五是坚持厉行节约，加强预算支出约束；六是将预算资金纳入法律监管之下，维护了预算法的尊严。新预算法的实施对推进依法行政、依法理财，最终实现依法治国有十分重要的意义。

二、新预算法在财务工作中的运用

（一）部门预决算管理

新预算法的出台，新预算法的出台对事业单位部门预决算管理工作提出了更高的要求，使得其变得更加规范化和精细化。为了响应新预算法的要求。事业单位应当做好以下两方面工作：

一方面，要树立全面预算管理的理念，动员全体职工开展预算编制、控制及执行，减少部门博弈对预决算管理的负面影响。在此基础上，要实现及早规划，按照主管部门及发展规划，明确未来几年工作目标，提前开展项目论证、采购计划等预算前置工作，降低预算弹性。同时，事业单位还应因地制宜地选择预算编制方法，重点使用零基预算，并要求细化、规范项目内容、资金用途、支出标准等，准确反映事业单位财务状况，如，××办公楼维修改造、××会议，不能直接笼统地填写新增项目、党委政府确定的项目、专项业务费、商品和服务支出、弥补公用经费等。

另一方面，要强化预算执行及其配套机制。首先，要硬化预算约束，在预算正式批复后，要按照科室、岗位、责任人、具体时间的流程进行细化。科室负责人需要针对业务内容、预算指标制定业务活动方案，如采购车辆保险、购置办公用品，应将商品和服务支出选为政府采购，在政府采购表经济分类为公务用车运行维护费、办公费的项目上填列采购金额；科室负责人还应在执行过程中严格按照申请、批准、执行、反馈、核算、考核的程序，切实把握预算执行进度。其次，要构建高效的考评体系，通过瞄准预算目标，将预算目标作为奖惩执行的基数，尽可能将奖惩与员工绩效、科室绩效挂钩，实现激励约束。最后，要强化责任意识，改变"重预算、轻决算"的观念，构建细致的责任追究机制。要实现部门预决算的收支真实、数据真实，保证账实相符、账证相符，按照预决算口径，认真填报数据，做好财政拨款对账。同时，还应明确财务分析的责任体系，着重分析预算执行状况，实现高效的决策支持。

（二）会计核算

新预算法细化了事业单位会计核算的操作细则，强化了事业单位会计核算的规范程度。工作中，事业单位应当按照新预算法要求，细化会计核算流程；第一，要规范会计核算基础，引入责权发生制，实行收付实现制；第二，要坚持收支两条线，按照收支配比原则，准确核算单位财务收支；第三，要完善专项基金管理制度，建立健全事业单位内部控制机制，保障事业单位专项资金合规、合法使用，强化专项资金核算，提高会计核算的规范程度；第四，要坚持勤俭节约的原则，强化授权审批控制，重点关注录入类报表生成状况，确保资金支付合法、合规，及时发现资金使用过程中的异常情况，避免预算失控。

（三）强化财务监督

一方面，要强化外部监督。公开透明是现代财政制度的基本特征，是建设阳光政府、责任政府的需要。新预算法规定，除涉及国家机密的事项外，经本级人民代表大会或者本级人民代表大会常务委员会批准的预算、预算调整、决算、预算执行情况的报告及报表，应当在批准后二十日内由政府财政部门向社会公开，并对本级政府财政转移支付安排、执行的情况以及举借债务的情况等重要事项做出说明。经本级政府财政部门批复的部门预算、决算及报表，应当在批复后二十日内由各部门向社会公开，并对部门预算、决算中的机关运行经费的安排、使用情况等重要事项做出说明。

另一方面，要强化内部监督。要重点建设单位内部控制系统，强化经济责任制、信息披露制度的执行力度，实现预算的事前、事中、事后全程控制，构建内部审计部门或强化内部审计职能，对小金库、三公经费等重点审查，建议构建财务预警机制，按照预算进度，及时反映预算异常，从根本上保障会计核算的信息真实、流程规范。

三、新预算法下事业单位财务工作的提升建议

（一）加强人才队伍建设

事业单位要进一步提高财务人员的综合素质，增强财务人员的法律意识和责任意识。首先，要从人才队伍上提高财务管理水平，促进财务管理的发展，定期组织财务人员学习财务专业知识、管理知识和法律知识。其次，要健全单位内部的激励与约束机制，通过量化评定考核其工作效率，以公平公正的绩效考核与奖惩措施来提高财务人员的工作积极性与主动性。

（二）重视内控制度建设

各单位要根据新预算法《行政事业单位内部控制制度》的规定，结合单位财务管理中存在的问题和不足，充分评估各环节的风险点，从事前、事中、事后三个方面入手，制定科学的管理方法和解决措施。高效健全的内部控制工作应该做到：一是制定有效的内部牵制制度，实现权责分明，从制度上杜绝财务人员利用职务之便谋取私利的行为，确保资金管理的规范性；二是建立健全内部财务管理制度，严格规范往来账款的管理程序，为政府拨款能实现专款专用提供制度保障，在合同的管理中，应运用法制的思维和法制方式，提高合同的管理和履行能力，同时加强业务管理部门与财务部门的沟通；三是完善票据的管理制度和固定资产的管理制度，以此保障事业单位会计信息的准确性和完整性。

（三）强化信息化建设

信息技术对事业单位预算编制、资金支付、财务核算与决策等方面都有重大影响，国库集中支付已经开启了事业单位信息化道路，要应对新预算法带来的工作调整，信息化建设无疑是一种高效途径。第一，要从单位内部财务管理的实际需要出发，对业务、财务进行流程改革，以提高财务的科学性、效率性。第二，要建立健全信息化管理制度，这包括软件、硬件两方面的措施分。软件上，事业单位应将系统划分成多个权限独立、信息联通的个体，在保障独立性的同时防止信息孤岛。并在此基础上，配套建设各项信息化管理制度，从而保障财务管理信息化得以顺利开展；硬件上，要保障信息化系统的设施建设及其配套维护，应培养人才，优化使用系统。第三，要将事业单位信息系统建设为监控式服务，在解决财务信息统计核算、采集的同时，也要保障单位经济活动信息的公正、公开，为民众监督提供新途径，将事后追责转变为事中监督。

第三节　新预算法下基层财政部门面临的挑战

一、新预算法对基层财政部门提出的要求

（一）完善政府预算体系

新预算法要求取消预算外资金，所有财政收支全部纳入政府预算，接受人大审查监督。预算编制时必须编制四本预算，这四本预算包括一般公共预算、政府性基金预算、国有资本经营预算、社会保险基金预算，这四本预算相互独立、完整，各自有其特定的功能定位和编制原则。并对四本预算功能定位、编制原则及相互关系做出规范。

（二）建立跨年度预算平衡机制

新预算法第十二条明确强调，各级政府应当建立跨年度预算平衡机制。在编制一般公共预算时可设置预算稳定调节基金，通过基金的调入和调出来调剂预算执行中由于短收、超收导致的预算资金的余缺。同时，各级一般公共预算的结余资金，应当补充进预算稳定调节基金。跨年度预算平衡机制的制定，有利于实现保障财政政策的可持续性和前瞻性，为未来编制中长期财政规划和多年滚动预算提供依据。

（三）改进年度预算控制方式

十八届三中全会决定提出："审核预算的重点由平衡状态、赤字规模向支出预算和政策拓展。"以解决现在预算执行中片面追求预算平衡带来的"顺周期"问题：经济放缓时，税务部门为完成税收任务而造成征收过头，不利于经济回升；经济过热时，收入任务因易于完成而出现"应收不收"，反而助长过热。这既不利于依法征税，也会影响政府"逆周期"调控政策的效果。

新预算法规定了预算审查重点从收支平衡、赤字规模向支出预算转变的内容，同时将收入预算由约束性转向预期性，要求各级预算收入的编制应当与经济和社会发展水平相适应，与财政政策相衔接。这样的规定为年度预算控制方式的深化改革提供了法律依据，从而迎来了政府预算管理制度的深刻变革。

二、基层财政部门的应对措施

（一）科学编制财政预算，严格执行预算管理

一是要求各行政单位在编制年初预算时要注重严谨性和科学性，特别对项目

支出的评估要注重科学性和合理性。二是财政部门要加大对单位部门年初项目支出预算的审批力度，严格控制项目资金使用范围，防止出现虚报项目、骗取财政资金的现象发生，如有确实的项目支出，也可通过财政预算追加的形式予以解决。三是加大财政预算约束力度，将部门、单位的各项收支纳入部门统筹管理，增强部门预算编制的完整性和准确性，使所有财政资金建立在明晰的预算基础上，切实增强预算的刚性约束。

（二）规范地方政府债务管理，严格防范债务风险

一是限制主体，只有经国务院批准的省级政府可以举借债务。二是限制用途，举借债务只能用于公益性资本支出，不得用于经常性支出。三是限制规模，举借债务的规模由国务院报全国人大或者全国人大常委会批准，省级政府在国务院下达的限额内举借的债务，列入本级预算调整方案，报本级人大常委会批准。四是限制方式，举借债务只能采取发行地方政府债券的方式，不得采取其他方式筹措，除法律另有规定外，不得为任何单位和个人的债务以任何方式提供担保。五是控制风险，举借债务应当有偿还计划和稳定的偿还资金来源。地方政府必须进一步规范债务管理，化解已经形成的债务，严格防范债务风险向财政转移。

（三）全面推进预算绩效管理，进一步提高资金使用效益

1.要强化项目规划论证

财政部门要求单位部门在申报项目支出预算时，要按照"细、实、准"的要求，加强前期评审和规划论证，细化项目申报内容，明确项目所要达到的绩效目标，组织实施计划、时间进度以及细化的预算安排数额，并按轻重缓急进行排序。

2.推进绩效目标管理

有利于促进申请财政资金的部门和单位将项目建设与职责紧密联系，防止越权和缺位，为了确保政府公共管理的顺利实施，各个部门和单位都有相应的职责和分工，并且围绕职责和分工开展各项工作。推进绩效目标管理，要求每个部门和单位在编制年度预算、申请财政资金时，根据社会经济发展规划，结合工作职责和事业发展规划，科学合理地测算资金需求。

3.拓展绩效评价范围

不断扩大重点项目绩效评价范围，加大民生支出和产业类发展专项绩效评价力度，为科学安排预算、清理规范专项资金提供支持，并逐步将绩效评价重点由项目支出拓展到财政政策和部门整体支出等领域。

4.依法监督政府建立现代公共财政制度，实现人大对预算审查监督新常态

依法监督政府财政活动的范围和边界应当定位于公共领域，科学地调整和优化财政支出结构，并通过预算的"硬约束"制度安排，以预算收支来规范政府活

动的方向和范围，发挥公共预算对政府职能转变的"倒逼"作用。从根本上解决财政的"越位""缺位"问题，切实依法监督财政落实新修改的预算法关于"安排用于保障和改善民生"作为一般公共预算中财政收入的首要用途，确保预算的主要目的和基本功能不是宏观调控，而是提供公共产品和公共服务，保障政府公共职能的履行。

第四节　新预算法下财务工作的提升建议

在新预算法的出台和推行之下，行政事业单位的财务管理工作需要不断进行改革与完善，从而有效解决当前财务管理中存在的种种问题，推动行政事业单位实现长久稳定发展。因此，本节将在新预算法视角下重点围绕行政事业单位财务管理问题及相应解决措施进行探究。

一、新预算法视角下我国行政事业单位财务管理的现存问题

（一）财务管理人员专业性待提高

当前，在新预算法下我国行政事业单位的财务管理人员专业程度还有待加强，从事财务管理工作的人员普遍年龄偏大，虽然具有多年的从业经验，但是对于先进的电子信息技术和专业的财务管理软件等却不甚了解。除此之外，部分财务管理人员本身并不具备专业的资质学历，在财务管理方面缺乏大量的实践经验，特别是在面对一些财务突发状况时往往无法及时应对，这也在很大程度上影响了财务管理工作的正常开展。

（二）财务管理经常受到权力限制

当前，行政事业单位的财务管理工作，常常会受到权力的影响和制约，使得高效的监督考核工作无法在实际财务管理工作、预算执行等当中顺利推行落实。加之，还有个别领导尚未给予财务管理工作应有的重视，一旦部分领导因其个人缺乏良好的约束意识和自控能力，将非常容易出现挪用资金、以权谋私等现象，进而使得行政事业单位的财务管理彻底形式化、表面化。

（三）财务管理工作内容分配不均

长期以来，在财务管理工作中，大部分领导人比较重视预算编制，轻视预算执行；重视预算资金的调配和使用，轻视对实际事务的管理。从而，导致行政事业单位工作内容失衡，内部资源不能得到充分合理利用。尤其是缺乏行之有效的内部审计监督，以及完善的财务管理制度，也在一定程度上限制了行政事业单位财务管理水平的提升。

（四）预算编制财务核算规范性差

现阶段，行政事业单位在进行预算编制过程中往往将全部的工作职责推给财务部门，不仅没有预留出足够的编制时间，同时在编制方法上也没有及时进行更新和完善，这也在很大程度上影响了预算编制的质量。与此同时，部分行政事业单位有时为了能够争取更多的资金，存在超编制预算的情况，虚设项目等现象时有发生。

二、新预算法视角下行政事业单位落实财务管理的方法措施

（一）加强财务管理监督控制

行政事业单位需要尽快加强对财务管理工作的监督和控制。新预算法当中提出需健全规范公开的预算制度，并明确规定了预算公开的具体内容、时间等，对凡是违反新预算法规定的政府、有关部门和单位，在要求立刻进行整改的基础上，追究相应负责人的法律责任。因此，行政事业单位需要积极拓宽信息公开渠道，联合社会多方力量全面真实地公开财务信息，规范财务收支行为。另外，行政事业单位还需要注重管控财务风险，在内部建立起风险控制体系，使用科学合理的制度对人、财、权进行三方约束，依法落实预算执行。

（二）需要落实绩效考核机制

行政事业单位还需要采用严格的预算绩效管理制度用于有效提升预算执行率。行政事业单位需要为预算编制预留出足够的时间，在编制的过程中严格落实新预算法当中提出的勤俭节约、量入为出的原则，使得财务预算编制能够真实反映出行政事业单位的收支情况。另外，行政事业单位需要对内部预算支出等工作进行绩效评价，对于玩忽职守、消极怠工或是在财务管理中出现严重失误的工作，人员视情节给予警告或开除处分。采用刚性约束方式，定期监督检查财务管理落实情况，明确具体的核算实施程序，落实职责分工并将财务决策同核算联系起来，加大行政事业单位的财务预算透明度。管理人员还需要定期去清查、盘点本单位的实物资产，以有效保障账物相符，提升国有资产的安全性与完整性。与此同时，还可以借助信息公示栏、互联网、论坛、大众媒体等各类媒介实时发布行政事业单位财务管理的各项信息，通过公布热线电话或增设网络投诉窗口等方式，鼓励全社会人士对其进行严格的监督与管理。

（三）预算与执行的有机统一

在实行国库集中支付制度之后，政府将全部财政资金都归纳至国库单一账户体系中进行统一管理，所有收入也直接纳入国库当中，所有支出由国库单一账户

体系进行统一支付。此举将预算和执行有机统一，使得行政事业单位能够随时随地掌握各项预算的实际支出情况，确保每一笔支出都在预算控制指标之内。政府采购预算编制是2017年预算编制提出的新要求，而实行政府采购能够有效约束行政事业单位的采购行为，避免出现重复或盲目采购的行为。在此基础上，行政事业单位需要深入细化采购预案，并公开所有采购行为，从而有效提升采购的透明度。在采购过程中，必须要求材料商提供材料发票，并且管理人员需要仔细验证发票的真实性，而当材料金额超过一万元时需要通过银行对公账户支付，确保收款方与发票上的收款方完全一致。

　　总而言之，新预算法的出台实施能够有效推动我国社会经济实现稳定、健康发展。本节通过对现阶段行政事业单位中财务管理工作存在的问题进行简要分析，尝试提出在新预算法角度下落实行政事业单位财务管理的方法措施，如财务管理监督控制、建立绩效考核制度、提升管理人员综合素养、提升财务管理信息化与精细化程度等措施，希望能够为优化完善财务管理提供帮助。

参考文献

[1]王健,莫宁作.事业单位财务会计与审计管理研究[M].哈尔滨:哈尔滨出版社,2023.03.

[2]李宝敏.现代事业单位财政税收与经济管理研究[M].北京:中国商业出版社,2022.03.

[3]许太谊.行政事业单位内部控制丛书 行政事业单位财务问题与责任认定指南[M].北京:中国市场出版社,2023.02.

[4]孙贵丽.现代企业发展与经济管理创新策略[M].长春:吉林科学技术出版社,2022.01.

[5]洪宇,李雪.高等学校创新性数智化应用型经济管理规划教材 审计系列 内部控制[M].上海:立信会计出版社,2022.08.

[6]高广京,黄晖雁.行政事业单位财务管理常见问题及案例[M].北京:气象出版社,2022.05.

[7]李广林,韦妍兰,兰淑华.事业单位会计与财务管理研究[M].北京:北京工业大学出版社,2022.07.

[8]陈卓珺作.行政事业单位财务管理问题研究[M].北京:中国商务出版社,2023.01.

[9]吕振威,李力涛,等.企业经济管理模式规范化与创新研究[M].长春:吉林科学技术出版社,2021.06.

[10]韩利燕,江丽红.事业单位财务管理与内部控制[M].吉林出版集团股份有限公司,2021.

[11]李涛,高军.经济管理基础[M].北京:机械工业出版社,2020.08.

[12]张荣兰.资产管理在事业单位经济管理中的作用[M].中国原子能出版社,2020.08.

[13]莫笑迎.新时代经济管理创新研究[M].北京:北京工业大学出版社,2020.07.

[14]王道平,李春梅,房德山.企业经济管理与会计实践创新[M].长春:吉林人民出版社,2020.06.

[15]康芳,马婧,易善秋.现代管理创新与企业经济发展[M].长春:吉林出版集团股份有限公司,2020.05.

[16]高军.经济管理前沿理论与创新发展研究[M].北京:北京工业大学出版社,2019.11.

[17]李爱华.事业单位预算管理研究[M].长春:吉林出版集团股份有限公司,2021.09.

[18]郝玮,郝建国,吴丽军.财政预算资金绩效管理操作实务[M].北京:中国市场出版社,2021.03.

[19]许太谊.行政事业单位审计常见问题200案例[M].北京:中国市场出版社,2019.01.

[20]赵文妍,曹丽.财务管理与理论研究[M].哈尔滨:黑龙江科学技术出版社,2019.12.

[21]管晨智.政府单位会计[M].成都:电子科技大学出版社,2019.06.

[22]郑俊敏.政府预算管理与会计[M].上海:立信会计出版社,2019.07.

[23]司惠菊,周欣,任振和.政府会计制度信息系统实务应用[M].北京:科学技术文献出版社,2019.01.

[24]郭泽林.新形势下企业经济管理的创新策略[M].北京:九州出版社,2018.06.

[25]杨武岐,田亚明,付晨璐.事业单位内部控制[M].北京:中国经济出版社,2018.10.

[26]刘晓莉.企业经济发展与管理创新研究[M].北京:中央民族大学出版社,2018.11.

[27]陈建明.经济管理与会计实践创新[M].成都:电子科技大学出版社,2017.09.

[28]王丹竹,管恒善,陈琦.企业经济发展与管理创新研究[M].长春:吉林人民出版社,2017.09.

[29]邓微.政府经济管理创新[M].北京:研究出版社,2006.12.

[30]郭秀君.中国宏观经济管理创新[M].北京:知识产权出版社,2005.07.